Les RÈGLES D'OR des ÉPICES

D0926889

DES MÊMES AUTEURS

Chasseurs d'épices 2 – Cuisine familiale d'Asie, Trécarré, 2010

Chasseurs d'épices 1 – Carnet de recettes et de voyages, Trécarré, 2009

La Cuisine et le Goût des épices, Trécarré, 2007

Les RÈGLES D'OR des ÉPICES

Recettes et récits de
ETHNÉ & PHILIPPE DE VIENNE
Chasseurs d'épices

TRÉCARRÉ
Une société de Québecor Média

Catalogage avant publication de Bibliothèque et Archives nationales du Québec et Bibliothèque et Archives Canada

Vienne, Ethné de
Les règles d'or des épices : recettes et récits d'Ethné et Philippe de Vienne, chasseurs d'épices
Comprend un index.
ISBN 978-2-89568-613-2
1. Cuisine (Épices). 2. Épices. 3. Tourisme gastronomique. 4. Livres de cuisine. I. Vienne, Philippe de. II. Titre.

TX819.A1V53 2013   641.6'383   C2013-941166-6

Conception : Ethné et Philippe de Vienne
Édition : Nadine Lauzon
Révision linguistique : Nicole Henri
Couverture : Axel Pérez de León
Grille graphique intérieure et mise en pages : Axel Pérez de León
Stylisme culinaire : Arik de Vienne
Céramiques des pages 40, 41, 76, 111, 131 : Arik de Vienne Design
Céramiques des pages 99, 140 : Céramik B de Basma Osama
Photos des recettes : Renée Heppleston
Photo des auteurs page 7 : André Barro
Photos de voyage :
Ethné et Philippe de Vienne ; collection personnelle : 13, 36, 37, 46, 48, 49, 54, 55, 65, 66, 67, 72, 73, 78, 79, 83, 84, 85, 90, 91, 99, 102, 103, 108, 109, 113, 114, 115, 120, 121, 132, 133
Tharshini Thanigasalam et Renée Heppleston : 30, 31
P. A. Sudheer, Ethné et Philippe de Vienne ; collection personnelle : 35, 42, 43
Filiz Hosukoglu, Ethné et Philippe de Vienne ; collection personnelle : 60, 61
Paul Prudhomme, Ethné et Philippe de Vienne ; collection personnelle : 96, 97
Paul Prudhomme / Magic Seasoning Blends, LLC : 97
Angela Lankford, Ethné et Philippe de Vienne ; collection personnelle : 126, 127
Sylviane ; Jean Bourbonnais : 95
Janet et Peter ; collection personnelle : 112
gdvcom / Shutterstock : 105

Tous droits de traduction et d'adaptation réservés ; toute reproduction d'un extrait quelconque de ce livre par quelque procédé que ce soit, et notamment par photocopie ou microfilm, est strictement interdite sans l'autorisation écrite de l'éditeur.

© Les Éditions du Trécarré, 2013
© Extempo Media, 2013

Les Éditions du Trécarré
Groupe Librex inc.
Une société de Québecor Média
La Tourelle
1055, boul. René-Lévesque Est
Bureau 300
Montréal (Québec) H2L 4S5
Tél. : 514 849-5259
Téléc. : 514 849-1388
www.edtrecarre.com

Dépôt légal – Bibliothèque et Archives nationales du Québec et Bibliothèque et Archives Canada, 2013

ISBN : 978-2-89568-613-2

Distribution au Canada
Messageries ADP inc.
2315, rue de la Province
Longueuil (Québec) J4G 1G4
Tél. : 450 640-1234
Sans frais : 1 800 771-3022
www.messageries-adp.com

Diffusion hors Canada
Interforum
Immeuble Paryseine
3, allée de la Seine
F-94854 Ivry-sur-Seine Cedex
Tél. : 33 (0) 1 49 59 10 10
www.interforum.fr

Diffusion épiceries spécialisées
Épices de cru
2222, av. Letourneux
Montréal (Québec)
H1V 2N6
info@epicesdecru.com

SOMMAIRE

INTRODUCTION

POUR ETHNÉ, L'APPRENTISSAGE des épices a commencé tôt, dans sa patrie d'origine, Trinidad, où son grand-père possédait une plantation. Né au Québec, Philippe a fait ses premiers pas d'aide-cuisinier à Prezeaux, en France, dans la résidence d'été familiale, où il ne tarde pas à découvrir le fabuleux monde des herbes.

Les épices faisaient déjà partie de nos vies bien avant notre première rencontre. Même avant de nous marier, d'avoir des enfants et de nous lancer dans un service de traiteur à Montréal, il y a trente ans, nous parcourions déjà la planète à la recherche de gens qui pourraient nous instruire un peu plus sur les épices.

Au départ, comme bien des cuisiniers, nous utilisions les épices intuitivement. Toutefois, nous sentions que ces instincts devaient être guidés par quelque chose de plus tangible ; qu'il fallait retracer les règles qui s'étaient perdues au fil du temps et qui permettraient d'exploiter le plein potentiel des épices tout en diminuant nos inquiétudes en cuisine.

Les Règles d'or des épices rassemblent vingt mélanges d'épices, six épices et soixante recettes. Le classement des épices et des mélanges en diverses catégories, les exemples clairs et les conseils pratiques qui composent cet ouvrage démontrent la simplicité et la logique désarmantes de la cuisine aux épices.

Il était impensable de ne pas présenter, au passage, quelques-uns des fournisseurs sans qui notre entreprise, *Épices de cru*®, ne pourrait exister. Ces gens que nous avons appris à connaître, avec qui nous avons partagé des moments précieux, nous procurent aujourd'hui des épices issues des meilleurs terroirs. C'est également d'eux que nous avons appris la composition et les techniques de cuisson de mélanges traditionnels datant souvent de plusieurs siècles. Nous savons maintenant que même les cuisiniers les plus expérimentés dépendent de mélanges faits dans les règles de l'art ; ces mélanges, nous en sommes désormais convaincus, sont les clés maîtresses de nombreuses cuisines du monde. Au fil de voyages et de rencontres, les pièces de notre casse-tête se sont peu à peu assemblées. La première clé se trouve dans la différence entre *goût* et *saveur*. Selon les dernières nouvelles, il n'y aurait toujours que six goûts répertoriés, ce qui permet une catégorisation

aisée. Les saveurs, en revanche, se comptent par milliers et n'ont parfois aucune dénomination.

Nous croyons fermement que quiconque possède des papilles gustatives et un nez fonctionnels peut faire preuve de créativité en cuisine avec l'aide des épices. Nul besoin d'avoir appris « ce qui se marie avec quoi ». De la même façon, s'il semble manquer quelque chose à un plat, le sel ne devrait définitivement pas être la seule solution. La classification et la catégorisation des épices ont constitué pour nous une véritable révélation qui a permis de bien comprendre le rôle des épices en cuisine ; les principes d'utilisation que nous mettons de l'avant ont naturellement découlé de cette compréhension.

Voilà la route empruntée sur laquelle nous vous invitons désormais. La cuisine aux épices, lorsqu'on en comprend les rudiments, peut s'avérer facile et étonnante ; les mélanges de mêmes catégories, par exemple, peuvent être substitués les uns aux autres puisque, vous l'aurez compris, ils n'altèrent pas le goût d'un plat, mais sa saveur uniquement.

Ne vous défaites pas de vos vieilles recettes pour autant. Analysez-les et choisissez les épices qui correspondent à leur profil. Avec un nez dorénavant exercé, quelques principes de base et des mélanges d'épices authentiques, vous possédez toutes les clés nécessaires pour découvrir le monde des épices en cuisine. Rappelez-vous : dix recettes multipliées par dix mélanges donnent cent recettes différentes – qui l'eût cru ? Bonne cuisine !

Ethné et Philippe

THÉORIES ET TECHNIQUES

LES RÈGLES D'OR DES ÉPICES

QU'EST-CE QU'UNE ÉPICE ? Les définitions varient selon le point de vue. Les botanistes, les historiens et les cuisiniers de différentes cultures culinaires ont tous leurs propres idées sur le sujet. Mais pour ceux qui ont une approche plus globale et pratique, les épices sont les substances végétales qui servent principalement à changer le goût et la saveur des plats.

Le rôle principal des aliments est de nous nourrir pour satisfaire notre faim. Et lors de la préparation des repas, les épices utilisées en petites quantités nous aident à transformer nos ingrédients de base répétitifs en une multitude de plats délicieux.

D'où viennent les épices ? Une épice peut être un fruit, une fleur, une écorce, une racine, une gomme ou une feuille. En Occident, on fait souvent la distinction entre les épices et les herbes. Ces dernières, souvent produites localement, sont facilement disponibles, contrairement aux épices importées, comme le poivre et la cannelle, qui étaient autrefois rares et très chères. Dorénavant, cette distinction n'aura peut-être plus vraiment sa place dans le petit village global où nous vivons tous.

DÉFINITION
Les épices sont des substances végétales qui servent surtout à modifier le goût et la saveur de nos aliments.

La rareté d'autrefois s'est transformée en une abondance d'épices incroyable. Des milliers d'épices existent sur le marché, ce qui rend maintenant disponibles toutes les saveurs de la planète. Par exemple, on compte dans le monde au moins six cents variétés de piments, des dizaines de terroirs pour le poivre noir, au moins trente sortes de cardamomes et autant de poivres de Sichuan. D'ailleurs, sur la petite île de Chios, en Grèce, on trouve trois variétés de sauge sauvage. Cela est valable pour toutes les épices connues… et pour celles qu'il reste à découvrir. Devant tant de possibilités, il est facile de s'y perdre.

Depuis plus de trente ans, nous recherchons les saveurs du monde et, petit à petit, nous avons établi dans ce fouillis quelques règles simples et utiles qui nous ont permis de nous y retrouver. Nous avons créé un système pratique d'utilisation des épices basé sur les goûts, et nous aimerions le partager avec vous.

POURQUOI DIFFÉRENCIER LE GOÛT ET LA SAVEUR D'UNE ÉPICE ?

Au premier abord, la question peut sembler sans importance. Pour certains, ces deux mots sont pratiquement équivalents. Pourtant, connaître la différence entre le goût et la saveur est probablement la manière la plus facile d'améliorer ses talents culinaires et de comprendre le monde des épices.

Goûter et savourer sont aussi différents l'un de l'autre qu'entendre et voir. Malgré cela, en mangeant nous faisons rarement la distinction entre ces sens. Pour bien comprendre la différence entre la perception du goût et de l'odorat, il est utile de les définir clairement.

LA SAVEUR
La saveur est la sensation provoquée par les odeurs qui atteignent notre cavité nasale par l'arrière de notre palais quand nous mangeons. Notre nez peut différencier plus de dix mille odeurs.

LE GOÛT
Le goût est la sensation ressentie par les papilles gustatives. Notre langue reconnaît au moins six goûts : le salé, l'acide, le sucré, l'amer, l'umami et le piquant.

Les quatre premiers goûts sont reconnus depuis longtemps, mais l'umami et le piquant demandent davantage de précisions.

L'umami est la sensation provoquée sur notre langue par les glutamates, naturels ou artificiels, qui se trouvent dans beaucoup d'aliments. Il se reconnaît facilement en bouche par cette impression agréable qui fait saliver et qui donne envie « d'en reprendre », par exemple, après avoir mangé un morceau de vieux parmesan ou une goutte de sauce soya. Les algues, les champignons, les produits de soya fermenté comme le miso, les bouillons de viande, les fruits de mer, les tomates mûres fraîchement cueillies, les fraises d'été, les charcuteries et les anchois sont de bons exemples d'aliments riches en glutamates naturels.

Le piquant, lui, est l'impression brûlante ressentie par notre langue. En Occident, le débat consiste à savoir s'il s'agit d'un goût ou d'une sensation tactile de chaleur. Des recherches récentes pointent vers une combinaison des deux. En Asie, la question ne se pose pas. Une chose est certaine, le piquant influence les cinq autres goûts.

LE GOÛT D'UNE ÉPICE
Chaque épice possède donc un goût dominant et une saveur qui lui est propre. En regroupant toutes les épices du monde par leur goût, on obtient cinq catégories : amer, piquant, sucré, acide et aromatique (sans goût prononcé). Si peu d'épices sont salées ou umami qu'on peut simplement les ignorer.

De même, il existe peu d'aliments amers ou piquants, et c'est probablement pour cette raison qu'il y a autant d'épices dans ces catégories.

Les épices sucrées ou douces sont utilisées souvent et généreusement dans les recettes et les mélanges d'épices, car le sucré sature moins facilement nos papilles que les autres goûts. Ces épices permettent donc d'adoucir les plats.

Les épices acides, un peu comme le vinaigre et le jus de citron dans la cuisine, servent à donner une note acide à certains mélanges d'épices.

Quant aux épices aromatiques, elles ont une saveur tellement forte qu'on doit les utiliser en petite quantité. Leur goût est négligeable, alors, en pratique, le cuisinier s'en sert seulement pour changer la saveur d'une recette.

Pour mieux comprendre ces idées, nous vous suggérons de faire le petit exercice de découverte des goûts et des saveurs aux pages 22 à 24.

ÉPICES CLASSÉES PAR GOÛT

ÉPICES AMÈRES

Absinthe
Adjwain
Ail déshydraté
Angélique
Asafœtida
Cacao
Carvi
Chardon béni
Cumin
Cumin noir
Épazote
Fenugrec
Feuille de cari
Feuille de fenugrec
Graines d'aneth
Graines de céleri
Lavande
Livèche
Mahleb
Marjolaine
Noix de Kemiri
Origan
Origan mexicain
Poivre rose du Brésil
Romarin
Safran
Sarriette
Sauge
Thym
Thym antillais
Thym zaatar

ÉPICES ACIDES

Amchoor
Anardana
Goraka
Sumac
Tamarin

ÉPICES PIQUANTES

Andaliman
Cubèbe
Gingembre
Maniguette
Moutarde jaune
Nigelle
Paprika piquant
Piments, chiles, ajis
    (500 à 600 variétés)
Poivre de Guinée
Poivre de Patagonie
Poivre de Sancho
Poivre de Sichuan
Poivre de Tasmanie
Poivre long
Poivre noir, blanc,
    vert et rouge
Poivres exotiques
Voatsipérifery

ÉPICES DOUCES ET SUCRÉES

Anis
Basilic
Ciboulette séchée
Coriandre
Curcuma
Échalote déshydratée
Fenouil
Feuilles d'aneth séché
Moutarde brune
Oignon déshydraté
Paprika doux
Pavot
Persil séché
Piments doux
Poivre rose de l'océan
    Indien
Réglisse
Rocou

ÉPICES AROMATIQUES

Anis étoilé
Bouton de casse
Cannelle
Cardamome noire
Cardamome verte
Cardamomes exotiques
Casse
Citronnelle
Écorces d'agrumes
Estragon
Feuille d'avocat
Feuille de bois d'Inde
Feuille de cannelle
Feuille de salam
Fève de tonka
Fleur d'oranger
Galanga (grand)
Galanga (petit)
Genièvre
Girofle
Kentjur
Laurier
Laurier antillais
Lime kaffir
Macis
Mastic
Menthe
Menthol
Muscade
Quatre-épices
Racine d'iris
Rose
Sapote
Vanille

COMMENT PROFITE-T-ON DE CETTE COMPRÉHENSION DES GOÛTS ET DES SAVEURS ?

Une fois que l'on comprend la distinction entre le goût et la saveur, il est très facile de classer les épices en catégories simples. Les épices d'une même catégorie sont facilement interchangeables, car la substitution ne modifie pas l'équilibre de goût d'une recette, elle en change seulement sa saveur ! Créer ou substituer devient alors facile. Il suffit de croquer une épice pour reconnaître son goût.

Personne n'aime un plat fade ou trop goûteux. Par exemple, il n'y a probablement rien de plus ennuyant que de manger un bol de gruau d'avoine nature. Mais ajoutez-y quelques noix amères, du sirop d'érable sucré, des petits cubes de pomme acidulée, un morceau de beurre salé et un peu de casse piquante, et ce gruau devient délicieux. Plutôt que d'avoir un seul goût, il en a maintenant cinq, et les saveurs des différents ingrédients se complètent bien.

Créer un équilibre de goût est facile ; il suffit de goûter. Quand il manque « un petit quelque chose » à notre recette, le réflexe est souvent d'ajouter du sel. Pourtant, il existe cinq autres goûts et il faudrait plutôt se poser cette question : « Quel(s) goût(s) manque(nt) ? » Par exemple, dans une sauce tomate trop acide, l'ajout d'un peu de sucre ou de paprika doux – pas suffisamment pour sucrer la sauce et la rendre aigre-douce – servira à « casser » son acidité. Si la sauce n'est pas assez amère, un peu de romarin ou de cumin viendra ajouter la pointe d'amertume qui équilibrera le tout. Et si la sauce manque de piquant, un peu de piment ou de poivre fera l'affaire. L'addition de ces modificateurs permet donc d'équilibrer les goûts du plat. Ensuite seulement, on peut ajouter du sel, si nécessaire.

Ainsi, les épices sont d'excellents modificateurs de goût, et un cuisinier expérimenté saura instinctivement les bonnes combinaisons qui équilibrent une recette. Pour le non-initié qui connaît les catégories de goût des épices, il devient alors facile d'équilibrer le goût d'un plat en utilisant une épice au goût approprié. Il suffit ensuite de s'assurer que les saveurs des ingrédients et des épices sont compatibles.

Les saveurs se travaillent différemment des goûts. Contrairement à notre langue, qui possède seulement deux douzaines de types de papilles gustatives, notre cavité nasale contient plus de trois cent cinquante sortes de récepteurs olfactifs, qui nous permettent de reconnaître des milliers d'odeurs et de saveurs. Il est donc difficile pour le cuisinier de grouper les saveurs en catégories simples et pratiques ; il y en a simplement trop.

Par contre, notre nez est un outil très puissant dont on ne se sert pas assez. Pour l'utiliser, il n'est pas nécessaire de s'entraîner comme un sommelier ou un

RÈGLE 1
Pour créer un plat équilibré, il suffit de goûter et d'ajuster les goûts manquants.

RÈGLE 2
Les épices d'une même catégorie sont interchangeables. La substitution transforme la saveur du plat sans changer l'équilibre des goûts.

RÈGLE 3
La manière la plus facile de choisir une épice est de faire confiance à son nez. La bonne épice est celle qui rehausse les saveurs et équilibre les goûts du plat.

marchand d'épices. Après tout, il n'est pas essentiel de déconstruire les saveurs d'un vin pour l'aimer. Choisir une épice est simple : il suffit de faire confiance à son nez en se servant du mécanisme qui suit.

Tout au long de notre vie, nous constituons une « banque de données » de saveurs et d'odeurs que notre cerveau a tendance à associer à la mémoire d'un lieu, d'un événement ou à des ingrédients ou un plat. Nous avons tous eu l'expérience où une odeur, une saveur nous rappellent instantanément un souvenir du passé. Elles peuvent aussi nous faire réagir de manière inconsciente, nous donner une impression sans souvenirs précis, parfois difficile à exprimer en paroles, qui se traduit très souvent par « J'aime » ou « Je n'aime pas », ou « Cela me rappelle quelque chose, mais je n'arrive pas à mettre le doigt dessus ».

Ce mécanisme d'association fait appel à notre « banque de données », et cela peut être très utile dans la cuisine. Il suffit de sentir quelques épices pour dire : « Il me semble que celle-ci ferait l'affaire. » Il n'est pas nécessaire de savoir d'où nous vient cette impression pour pouvoir nous en servir. Quelque part dans notre passé, nous avons eu une association de saveurs similaire que nous avons aimée. Quand on fait confiance à son nez, il est très rare que le choix d'épices soit mauvais. Si vous aimez l'odeur d'une épice, vous aimerez sa saveur.

COMMENT CES RÈGLES S'APPLIQUENT-ELLES AUX MÉLANGES D'ÉPICES ?

Les mélanges d'épices sont très pratiques. Ils nous permettent de réussir une recette sans avoir toutes les connaissances nécessaires pour créer un mélange équilibré. De plus, cela nous évite de posséder l'inventaire de toutes les épices nécessaires. Les meilleurs mélanges sont de petits bijoux culinaires qui sont souvent le fruit d'une longue évolution, répartie sur des générations, comme le berbéré éthiopien, ou bien ils sont l'éclair de génie d'un cuisinier talentueux, comme les épices à noircir cajuns.

La popularité des épices mélangées est universelle, on les trouve de l'Indonésie au Maroc, des petits marchés des Antilles aux supermarchés nord-américains. Même les grands chefs qui possèdent une belle sélection d'épices individuelles dans leur garde-manger ont sous la main des mélanges préparés. Il est très avantageux pour le cuisinier de comprendre le potentiel des mélanges.

LES CATÉGORIES DE MÉLANGES D'ÉPICES

MÉLANGES PASSE-PARTOUT

AMER-DOUX-PIQUANT-AROMATIQUE

Amchar masala
BBQ classique
BBQ du staff
Berbéré*
Cari de Madras*
Cari de Singapour*
Caris (tous)
Colombo*
Épices à chili
Épices à cipâte du Lac-Saint-Jean
Épices à couscous
Épices à fruits de mer *Eastcoast**
Épices à ketchup
Épices à kofte turques*
Épices à marinades
Épices à paëlla
Épices à poissons turques
Épices à saté*
Épices à saumure
Épices à tajine
Épices andalouses
Épices cajuns
Épices créoles
Épices pour gibier d'élevage
Épices tex-mex*
Masala à canard
Masala à poisson du Bengale
Masala à viande - Inde du Sud
Masala à volaille
Masalé de Maurice
Mélange de la Petite Italie
Panch phoran*
Tandoori masala

MÉLANGES PARFUMÉS

AMER-PIQUANT-AROMATIQUE

Épices à ragoût de Kamouraska
Garam masala (tous)
Ras el hanout
Sept-épices d'Alep*
Sept-épices libanais

MÉLANGES D'HERBES

AMER

Herbes de la Méditerranée*
Herbes de Provence
Herbes de Provence
  pour poisson
Herbes de Provence
  pour porc et veau
Herbes des coteaux
  de Provence
Herbes pour l'agneau
Herbes pour volaille et lapin

MÉLANGES À GRILLADE

AMER-DOUX-PIQUANT-AROMATIQUE-SALÉ

Épices à noircir cajuns*
Rub à steak
Rub classique doux
Rub classique piquant
Rub d'Oaxaca
Rub Guerrero
Rub Tlatlelolco

MÉLANGES DE POIVRES

PIQUANT

3 poivres
Quatre-poivres

MÉLANGES TRÈS PIQUANTS

AMER-PIQUANT-AROMATIQUE

Épices à jerk
Épices Peri-Peri
Meen masala
Vindaloo masala

MÉLANGES À DESSERTS

AMER-DOUX-AROMATIQUE

Épices à chocolat d'Oaxaca
Extrait antillais

MÉLANGES PIQUANTS-AROMATIQUES

PIQUANT-AROMATIQUE

8 poivres*
Épices à cretons*
Épices pour tarte à la citrouille
Épices du Yunnan*
Poivres citronnés

MÉLANGES PARFUMÉS-DOUX

PIQUANT-DOUX-AROMATIQUE

Chaï masala
Cinq-épices chinois*
Épices du chasseur - Canard
Épices du chasseur - Gibier
  à plumes
Épices du chasseur - Gros gibier
Épices du chasseur - Petit gibier
Route de la soie*

MÉLANGES SPÉCIALISÉS

AMER-PIQUANT-DOUX-AROMATIQUE-ACIDE

Épices des Mille et Une Nuits*
Masala à grillades

DOUX-AROMATIQUE

Fines herbes*

AMER-DOUX-PIQUANT

Épices à dukkah
Épices à légumes*
Épices à spaghetti
Fines herbes à salade
Mélange à pizza

AMER-AROMATIQUE

Cinq-épices yucatèque -
  Salpimentado

AMER-DOUX-PIQUANT-ACIDE

Épices à raïta

AMER-ACIDE-SALÉ

Chaat masala
Zaatar

LES CATÉGORIES
DE MÉLANGES D'ÉPICES

Quand on classe les mélanges d'épices par leurs goûts, comme on l'a déjà fait avec les épices individuelles, on fait des découvertes intéressantes. Les mélanges qui ont des propriétés similaires se retrouvent ensemble. Nous avons donc donné à chaque catégorie un nom qui décrit sa caractéristique principale.

À gauche se trouve une liste complète de mélanges de notre marque *Épices de cru*®, très représentative des mélanges d'épices du monde. Ils sont classés en catégories simples et pratiques basées sur les goûts des épices qu'ils contiennent.

Les mélanges suivis d'un astérisque (*) sont dans le boîtier accompagnant ce livre.

Le plus grand avantage de classer les mélanges par goût est le suivant : tout comme les épices individuelles, les mélanges d'une même catégorie sont interchangeables ! La raison est simple : on ne change pas les goûts du plat, seulement sa saveur. En d'autres mots, une bonne recette SIMPLE peut être faite avec TOUS les mélanges de sa catégorie … Et ça fonctionne ! Il ne vous reste alors qu'à décider si l'odeur du mélange vous plaît. Cette théorie a été testée avec succès sur des centaines de recettes. Nous avons fait un cari sri-lankais avec des épices andalouses, une paëlla avec des épices à saté, du porc braisé chinois avec du sept-épices d'Alep. Pour mieux comprendre, voici une brève description de chaque catégorie.

LES MÉLANGES PASSE-PARTOUT

C'est de loin la catégorie la plus importante et la plus populaire dans le monde entier. Ces mélanges amer-piquant-doux-aromatique complémentent bien les goûts de nos aliments qui sont en majorité salés-acides-umami … et souvent fades. Cette complémentarité explique leur popularité et fait qu'un mélange peut servir pour bien des ingrédients. Le cari est un bon exemple. Il est possible de faire avec ce mélange un cari de fruits de mer, de poulet ou de légumes. De plus, tous les mélanges passe-partout sont interchangeables. La

recette de cari de légumes fonctionne avec des épices à kofte ou à BBQ. Bref, les mélanges passe-partout sont littéralement « bons à toutes les sauces » ! Si vous avez dix bonnes recettes simples et dix mélanges passe-partout, vous pourrez faire cent bonnes recettes différentes.

LES MÉLANGES PARFUMÉS

Ils contiennent surtout des épices aromatiques. En général, on les utilise à petites doses pour parfumer un plat. Ils sont souvent ajoutés à d'autres épices au cours de la recette pour les enrichir ou pour donner une touche parfumée en fin de cuisson.

LES MÉLANGES D'HERBES

Ils sont composés presque exclusivement d'herbes amères. On peut les interchanger facilement et ils sont souvent cuisinés avec des épices piquantes et des ingrédients acides comme le vin, le jus de citron ou la tomate pour équilibrer leur amertume.

LES MÉLANGES À GRILLADES

Ils contiennent très souvent du sel, et ce, pour plusieurs raisons. Premièrement, le sel aide les aliments à ne pas coller sur les grilles ou les plaques chaudes. Le sel attire l'eau et permet aux épices d'adhérer quand on les frotte sur un aliment pour créer une croûte lors des cuissons à feu vif. Paradoxalement, le sel aide également les viandes qui marinent de douze à vingt-quatre heures à rester juteuses et à ne pas s'assécher lors d'une cuisson très lente au barbecue.

LES MÉLANGES DE POIVRES

Ils s'utilisent comme le poivre. Ils sont plus parfumés qu'un poivre unique.

LES MÉLANGES TRÈS PIQUANTS

Ils contiennent tellement d'épices piquantes qu'on ne peut les classer dans les mélanges parfumés. On s'en sert généralement pour des recettes spécifiques, mais ils sont interchangeables. Par exemple, on peut faire un vindaloo avec des épices à jerk. C'est très bon, on l'a testé.

LES MÉLANGES PIQUANTS AROMATIQUES

Comme leur nom l'indique, ils relèvent et parfument les plats. Ils conviennent aux recettes sucrées comme salées.

LES MÉLANGES PARFUMÉS DOUX

Ils équilibrent bien les aliments aux saveurs fortes et au goût amer, comme les gibiers ou le thé noir à l'indienne. Beaucoup sont compatibles avec les desserts.

LES MÉLANGES À DESSERTS

Ils parfument et équilibrent habilement le sucré intense des desserts. Il existe peu de mélanges à desserts commerciaux, mais si on utilise plusieurs épices dans un dessert, généralement le mélange obtenu suit la règle amer-doux-aromatique.

LES MÉLANGES SPÉCIALISÉS

Ces mélanges sont groupés dans une catégorie à part. Ils s'utilisent surtout pour des recettes populaires (ex. épices à pizza) ou sont propres à une cuisine spécifique (ex. zaatar). Contrairement aux autres, les mélanges spécialisés sont rarement interchangeables, car ils appartiennent à différentes catégories de goûts.

RÈGLE 4
Les mélanges d'une catégorie sont interchangeables.
Il suffit de changer le mélange, pas la recette.

La classification des épices et des mélanges par leurs goûts a de grands avantages. Il est facile de substituer avec succès l'épice ou le mélange sans rien changer d'autre à la recette. Pour les recettes complexes avec beaucoup d'ingrédients, cette règle est moins absolue ; les saveurs des mélanges et des aliments peuvent mal s'accorder. À ce moment, sentir et faire confiance à son nez est important.

En d'autres mots, une bonne recette simple peut être faite avec TOUS les mélanges d'une même catégorie… et ça fonctionne. Garanti ! Il suffit de changer le mélange. Pas la recette ni les ingrédients. Évidemment, le dosage peut varier selon l'intensité des mélanges. À vous de goûter et de décider la quantité d'épices qui vous convient.

QUELQUES CONSEILS

ACHAT
La qualité des épices varie selon leur origine. La meilleure façon d'en juger est de vous fier à votre nez. Si le parfum de l'épice vous plaît, sa saveur vous enchantera également.

Achetez autant que possible des épices entières, car leur arôme se relâche au moment où elles sont moulues. Elles se conserveront beaucoup plus longtemps que les poudres d'épices, qui, en plus de s'éventer rapidement, font encore trop souvent l'objet de fraudes de toutes sortes. Cela dit, bien des fabricants consciencieux offrent des épices moulues de bonne qualité, le plus souvent vendues dans des contenants métalliques.

CONSERVATION ET ENTREPOSAGE
L'air, la lumière, l'humidité, la chaleur excessive et le temps sont les ennemis des épices. Pour en préserver la saveur le plus longtemps possible, achetez des épices entières dans des quantités que vous utiliserez au cours d'une année ou deux. Entreposez-les dans de petits contenants hermétiques de métal ou de verre opaque, dans un endroit frais (tiroir ou placard), loin des sources de chaleur et de la lumière. Les sacs et les contenants de plastique ainsi que les contenants en verre clair sont fortement déconseillés.

MOUTURE
(Voir page 18 pour plus de détails.)
Le mortier de pierre est l'outil idéal pour moudre les épices. De plus, il permet de faire les pâtes d'épices dans la même opération. Choisissez un gros mortier d'une taille avec laquelle vous serez à l'aise pour travailler. Plus le mortier est lourd, mieux il moud et plus il facilitera votre tâche.

Les moulins à café électriques conviennent pour la majorité des épices, sauf celles qui sont plus grosses et surtout plus dures, comme le curcuma et le gingembre, car vous risquez de casser la lame du moulin.

DOSAGE
C'est simple, on dose les épices comme le sel. Il suffit de goûter et d'ajuster au besoin. Quand on juge qu'il y en a assez, on n'ajoute plus rien. Si vous avez un doute, dites-vous qu'on peut toujours en ajouter, rarement en enlever.

UN DERNIER CONSEIL
Rien ne peut améliorer une recette pour si peu de travail et à un coût si bas que de moudre soi-même ses épices. Bonne cuisine !

Techniques

MOUDRE LES ÉPICES

MOUDRE AU MORTIER

1

Placer les épices entières dans le mortier et piler de haut en bas jusqu'à ce qu'elles soient concassées.

2

Moudre en frottant le pilon sur les épices concassées avec un mouvement rotatif.

3

Le meilleur résultat est généralement obtenu en alternant les deux mouvements.

MOUDRE AU MOULIN ÉLECTRIQUE

1

Placer les épices dans le moulin.

2

Poser le couvercle et moudre.

3

Verser les épices moulues.

4

Ajouter du gros sel pour nettoyer le moulin.

5

Moudre le sel. Jeter (ou utiliser) le sel moulu.

6

Essuyer avec un papier humide.

PRÉPARER LES ÉPICES

RÉHYDRATER LES CHILES

1

Griller les chiles dans une poêle chaude sèche.

2

Ouvrir les chiles et enlever les graines et le placenta. Rincer les chiles.

3

Couvrir d'eau tiède pendant 20 minutes. Égoutter. Les piments sont maintenant prêts à être moulus pour faire une pâte d'épices.

FAIRE UNE PÂTE D'ÉPICES

1

Placer les épices moulues et les ingrédients humides dans un robot (ou un mortier).

2

Réduire en purée. Racler la cuve avec une spatule et ajouter un peu de liquide au besoin pour faire une pâte homogène.

3

Retirer la pâte d'épices.

GRILLER LES ÉPICES ENTIÈRES

1

Placer les épices dans une petite poêle.

2

Chauffer en remuant jusqu'à ce qu'elles dégagent une bonne odeur.

3

Verser les épices sur une assiette ou dans un mortier pour les refroidir.

TARKA OU ÉPICES RISSOLÉES

TARKA D'ÉPICES ENTIÈRES

1 Verser le gras de cuisson et les épices entières dans une casserole chaude.

2 Remuer sans arrêt jusqu'à ce que les épices commencent à rissoler.

3 Ajouter un ingrédient humide pour empêcher les épices de brûler. Continuer la recette.

TARKA D'ÉPICES MOULUES

1 Faire revenir les ingrédients humides dans une matière grasse.

2 Ajouter les épices moulues.

3 Cuire jusqu'à ce que les épices dégagent une bonne odeur. Réserver ou continuer la recette.

ÉPICES ROUSSIES

1 Verser le gras de cuisson et les épices entières dans une casserole chaude.

2 Remuer sans arrêt jusqu'à ce que les épices soient brunes et roussies.

3 Ajouter un ingrédient humide pour empêcher les épices de brûler. Continuer la recette.

GRILLER LES ÉPICES MOULUES

RUB/CROÛTE D'ÉPICES GRILLÉES

1

Mélanger les épices moulues avec du sel.

2

Frotter les épices sur les pièces de viande jusqu'à ce qu'elles collent. Laisser reposer les grosses pièces 24 heures au froid avant de les faire cuire lentement.

3

Ne pas attendre pour les petites pièces. Les faire griller ou poêler à feu vif.

BLACKENING/NOIRCIR (VOIR RECETTE P. 93)
IMPORTANT : À FAIRE DEHORS !

1

À l'extérieur, faire chauffer une poêle en fonte à chaleur vive (une petite goutte d'huile jetée dans la poêle s'enflammera).

2

Assécher les pièces à cuire avec un papier absorbant. Brosser de beurre clarifié (ghee).

3

Saupoudrer les deux côtés d'épices à noircir.

4

Placer les pièces dans la poêle chaude avec une spatule. Cuire 1 minute.

5

Retourner en prenant soin de ne pas déposer sur des épices brûlées. Ajouter un peu de beurre clarifié sur chaque pièce. Cuire 1 minute. Retirer.

6

Avant de cuire d'autres morceaux, nettoyer la poêle avec un vieux torchon tenu avec des pinces (à jeter après, car le torchon va brûler).

AUTO-ATELIER

DÉCOUVREZ LE POTENTIEL DE VOTRE NEZ ET DE VOTRE LANGUE

DEPUIS PLUS DE DIX ANS, nous offrons à nos clients des ateliers pour comprendre l'importance du goût et de la saveur des épices. Nous avons recréé ici la partie où nos élèves apprennent à faire confiance à leurs sens !

Installez-vous dans votre cuisine avec les six contenants du boîtier. Une fois votre atelier terminé, visitez recettes@epicesdecru.com pour créer votre propre « Mélange mystère » avec les épices de l'atelier.

DOUX
CORIANDRE

Pincez votre nez avec deux doigts et mastiquez trois ou quatre graines de coriandre. Prêtez attention aux sensations sur votre langue. Maintenant, relâchez vos doigts et observez les sensations dans votre cavité nasale.

Votre langue a « goûté » le goût légèrement sucré de la coriandre et votre nez a senti sa saveur. La distinction entre le goût et la saveur est maintenant évidente.

AMER
FENUGREC

Placez la moitié du contenant de fenugrec dans une petite poêle, grillez-le et réservez (voir p. 19). Mâchez deux graines de fenugrec cru d'un côté de votre bouche. Notez le goût amer de l'épice crue et sa saveur semblable à celle du sirop d'érable. Ensuite, croquez deux graines rôties de l'autre côté de votre bouche.

Notez les différences entre l'épice rôtie et l'épice crue. Chaque mode de cuisson transforme la saveur des épices à sa manière.

PIQUANT
CHILE

Goûtez un peu de ce piment fort appelé Reshampatti. Il est pratiquement sans saveur. Sans aucun doute, vous percevez une sensation brûlante sur votre langue. Si elle brûle de façon excessive, boire de l'eau ne vous aidera pas. Pour un soulagement rapide, passez tout de suite au prochain contenant.

ACIDE
SUMAC

Prenez une bonne pincée de sumac et sucez-le quelques secondes. L'acidité diminue la perception du piquant et, à présent, vous reconnaissez la saveur fruitée du sumac. Pour diminuer encore plus le piquant, faites fondre un peu de sucre ou de miel sur votre langue. Les goûts ont un effet l'un sur l'autre. Le mariage judicieux des goûts permet de créer des plats équilibrés.

AROMATIQUE
CARDAMOME

Ouvrez le contenant et sentez. Roulez et craquez une capsule entre vos doigts et humez de nouveau. L'odeur et la saveur se dégagent dès qu'on broie les épices. Par la suite, croquez deux ou trois graines noires qui se trouvent dans la capsule. Le goût est légèrement sucré et la saveur très intense. Pour cette raison, les épices aromatiques s'utilisent en petite quantité sans tenir compte de leur goût.

?
ÉPICE MYSTÈRE

Si vous faites cet exercice avec d'autres personnes, gardez le silence afin de demeurer impartial.

Râpez l'épice, sentez-la et posez-vous ces deux questions :

- à quoi cette odeur me fait-elle penser ?
- dans quel genre de plat est-ce que j'imagine cette épice ?

Attention, il n'y a pas de bonnes ou de mauvaises réponses. Vous cherchez seulement à exprimer ce que cette odeur vous fait ressentir. Une fois que vous aurez noté vos premières impressions, et cela ne prendra pas plus de 30 ou 40 secondes, passez à la p. 24 pour découvrir cette épice mystère.

? ÉPICE MYSTÈRE

La plupart des gens qui sentent cette épice pour la première fois reconnaissent l'amande ou une noix, ou encore un fruit, comme la cerise. Certains lui trouvent une ressemblance avec d'autres aliments ou même avec des choses non comestibles ! En dix ans, nous avons entendu bien des réponses et, à l'occasion, elles étaient assez surprenantes ! Comme nous l'avons dit : il n'y a pas de bonnes ou de mauvaises réponses. L'important, c'est de se fier à ses impressions.

La majorité des gens utiliserait cette épice pour un plat sucré. Plusieurs l'imaginent avec du poulet ou du poisson, des ingrédients qui se marient bien avec l'amande. Cette épice mystère s'appelle la sapote et elle est pratiquement inconnue à l'extérieur de l'Amérique centrale. Aux Antilles, elle aromatise les desserts, les gâteaux et les crèmes. Au Mexique, la sapote est utilisée depuis des siècles dans les boissons à base de cacao. Nous avons découvert que la sapote se marie bien avec d'autres épices à dessert comme la vanille, le macis, le tonka, la rosita de cacao, la cardamome, le safran et la cannelle.

Si vos réponses ressemblent à celle citées plus haut, vous faites partie de la majorité. Si ce n'est pas le cas, vous n'avez pas tort pour autant. Votre nez a simplement reconnu ce que vous connaissez et il vous a inspiré. Faites-lui confiance. Il y a de bonnes chances que vos impressions soient excellentes et donnent des résultats intéressants ; après tout, les grands classiques de la cuisine d'aujourd'hui sont nés un jour de l'inspiration de quelqu'un !

Si vous avez des réponses qui sortent des sentiers battus et que vous voulez les partager avec nous, n'hésitez pas à nous envoyer un courriel à : info@epicesdecru.com

Merci et bon voyage sur la route des épices.

RECETTES

LE BERBÉRÉ

MÉLANGE PASSE-PARTOUT

L E BERBÉRÉ EST UN MÉLANGE TRADITIONNEL d'Éthiopie où il s'utilise surtout avec les mijotés de viandes et de volailles. La cuisine ancienne de l'Éthiopie est d'une finesse et d'un raffinement surprenants. Le berbéré a une affinité naturelle avec l'oignon, le gingembre, le vin, le beurre et les produits laitiers, des ingrédients courants dans la cuisine éthiopienne.

Nous avons essayé ce mélange à toutes les sauces… et grillades… et rôtis… même dans des brownies ! Délicieux. En fait, nous n'avons pas encore improvisé une recette où le berbéré ne fait pas merveille. Ce mélange est si utile qu'il mérite d'être nommé le « cari de l'Afrique ».

AMER   **fenugrec** 10 ml (2 c. à thé)
adjwain 5 ml (1 c. à thé)

DOUX   **coriandre** 30 ml (2 c. à soupe)
piment d'Alep doux ou **paprika** 175 ml (³/₄ tasse)

PIQUANT   **gingembre** 30 ml (2 c. à soupe)
poivre noir 10 ml (2 c. à thé)
cayenne 15 ml (1 c. à soupe)

AROMATIQUE   **cardamome verte** 10 ml (2 c. à thé)
cardamome noire 5 ml (1 c. à thé)
girofle 5 ml (1 c. à thé)
cannelle 2,5 cm (1 po)
boutons de casse ou **casse** 10 ml (2 c. à thé)
¹/₂ **noix de muscade**
quatre-épices 5 ml (1 c. à thé)

DORO WETT (POULET MIJOTÉ AU BERBÉRÉ)
(RECETTE TRADITIONNELLE)

EN ÉTHIOPIE, LE WETT EST SERVI avec des crêpes de t'ef, une céréale locale. Nous le servons souvent avec du riz, du bulgur, de l'attiéké (couscous de manioc) ou tout simplement avec une purée de pommes de terre à l'échalote verte.

1. Bien laver le poulet à l'eau. Éponger et placer dans un bol.
2. Ajouter les oignons, le jus de lime et le sel. Bien mélanger et laisser reposer, idéalement 1 heure. Retirer les oignons.
3. Chauffer une grande casserole à feu moyen. Ajouter la moitié du beurre et les oignons. Cuire en remuant de temps en temps jusqu'à ce qu'ils tombent (10 minutes).
4. Ajouter le berbéré moulu, le gingembre, l'ail et le reste du beurre. Cuire jusqu'à ce que le tout soit bien infusé.
5. Ajouter le vin et 2 tasses d'eau. Couvrir et laisser mijoter 15 minutes.
6. Ajouter le poulet et cuire jusqu'à ce qu'il soit bien tendre (30-40 minutes).
7. Ajouter les œufs durs, rectifier le sel au besoin. Éteindre le feu et laisser reposer 15 minutes avant de servir.

6 cuisses de poulet (hanches et pilons)

6 ailes de poulet

6 oignons rouges, coupés en gros dés

jus de 2 limes

15 ml (1 c. à soupe) sel

120 ml (8 c. à soupe) beurre épicé* *ou* ghee *ou* beurre doux

45 ml (3 c. à soupe) berbéré éthiopien, moulu

60 ml (4 c. à soupe) gingembre frais, haché

3 gousses d'ail, hachées

125 ml (½ tasse) vin rouge

6 œufs durs, épluchés

* Pour la recette de beurre épicé : www.epicesdecru.com

POULET RÔTI AU BERBÉRÉ

45 ml (3 c. à soupe) berbéré
éthiopien, moulu

4 gousses d'ail, hachées

45 ml (3 c. à soupe) beurre fondu

45 ml (3 c. à soupe) jus de citron

5 ml (1 c. à thé) sel

1 poulet moyen *ou* 4 cuisses

4 oignons, coupés en rondelles
épaisses

VOICI LA RECETTE ridiculement facile qui nous a fait réaliser les possibilités des mélanges classiques. Elle nous a été généreusement donnée par une cliente au hasard d'une conversation, quelques mois après l'ouverture de notre magasin du marché Jean-Talon. Cet échange a été le premier pas sur le sentier qui nous a menés à nos règles d'or. Merci, madame, où que vous soyez.

1. Préchauffer le four à 190 °C (375 °F).
2. Mélanger le berbéré, l'ail, le beurre, le jus de citron et le sel.
3. Couper le poulet en huit ; brosser avec le mélange d'épices.
4. Placer les oignons dans une rôtissoire. Poser le poulet dessus. Rôtir 1 heure. Arroser à l'occasion avec le jus de cuisson.

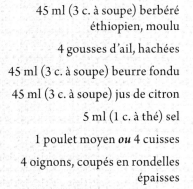

« CARI » DE POMMES DE TERRE AU BERBÉRÉ

NOUS AVONS FAIT UN SEUL changement à l'une de nos recettes favorites de la côte des épices : les épices. Nous avons simplement remplacé un masala du sud de l'Inde par un autre mélange passe-partout. Tout le plaisir vient du contraste entre les pommes de terre fondantes dans leur sauce onctueuse au lait de coco et les noix de cajou croquantes.

1. Cuire les pommes de terre à l'eau salée jusqu'à ce qu'un couteau les transperce facilement.
2. Entre-temps, chauffer l'huile de son choix dans une grande casserole à feu moyen. Ajouter l'oignon, l'ail, le gingembre et le piment fort. Cuire quelques minutes en remuant à l'occasion.
3. Saupoudrer le berbéré sur le mélange d'oignons et bien mélanger. Cuire à feu réduit 2 minutes de plus. Verser le lait de coco et saler au goût. Laisser mijoter 5 minutes, puis retirer du feu.
4. Égoutter les pommes de terre quand elles sont cuites. Laisser rafraîchir 5 minutes et les couper encore chaudes en morceaux de 2 cm (1 po).
5. Ajouter les pommes de terre à la sauce. Faire mijoter 5 minutes. Garnir de noix de cajou et de coriandre avant de servir.

700 g (1 ½ lb) pommes de terre nouvelles

45 ml (3 c. à soupe) huile de coco *ou* végétale

2 gros oignons, coupés en gros dés

3 gousses d'ail, hachées

45 ml (3 c. à soupe) gingembre, haché

piment vert piquant frais au goût, haché (facultatif)

30 ml (2 c. à soupe) berbéré, moulu

400 ml (1 ¾ tasse) lait de coco

sel au goût

GARNITURE

250 ml (1 tasse) noix de cajou, rôties

coriandre fraîche

Dashi

DASHI ET LA DAME

L EXISTE DEUX CUISINIÈRES pour lesquelles nous avons beaucoup d'admiration. Elles ne sont pas des chefs célèbres et, à ce que je sache, ne sont pas non plus propriétaires de restaurants ni auteures de livres de recettes.

La première – appelons-la « la Dame » – était une cliente de notre boutique Olives & Épices, dont nous n'avons jamais su le nom mais qui nous a laissé une impression mémorable.

C'était il y a neuf ans. Après avoir soigneusement senti les huit mélanges qui composaient notre collection (il y en a plus de cent aujourd'hui !), la Dame avait acheté notre berbéré éthiopien, un mélange traditionnellement utilisé pour des plats de viande mijotée. Elle avait alors montré peu d'intérêt pour nos conseils et nos suggestions de recettes : « Je verrai bien une fois à la maison », nous avait-elle dit.

Lors de sa visite suivante, elle nous a informés du succès qu'avait eu sa recette de poulet au berbéré. Devant nos (nombreuses !) questions et notre enthousiasme, elle a accepté de partager la recette en question : couper les oignons en rondelles épaisses, moudre les épices et faire une pâte en utilisant beurre, ail râpé, jus de citron et sel, puis frotter la pâte sur le poulet, le placer ensuite sur un lit d'oignons sur une plaque de cuisson et mettre au four pendant une heure. Et prenez l'apéro en attendant !

Sa recette n'avait, à part peut-être les oignons, rien de traditionnel. Comment la Dame, qui n'avait jamais entendu parler du berbéré auparavant, avait-elle pu ainsi concocter une recette digne de Marcus Samuelsson, ce chef éthiopien ayant grandi en Suède ? Son arme secrète, disait-elle, était son nez, qui ne mentait jamais. Elle n'avait qu'à fermer les yeux, sentir les épices et voilà ! Elle se laissait guider par son instinct, qui, semble-t-il, l'avait rarement trahie.

Ce n'est que plus tard, lorsque nous avons essayé sa recette, que nous en avons reconnu le génie. L'identité de la Dame demeure à ce jour un mystère, et nous n'avons malheureusement jamais pu lui témoigner notre admiration, ni, plus important encore, lui attribuer le crédit qu'elle mérite pour une recette et une approche que nous transmettons depuis à tous ceux qui sont en quête de conseils ou d'idées.

Heureusement, nous connaissons bien la seconde de ce duo de cuisinières. Tharshini, mieux connue chez nous sous le nom de Dashi, est l'une de nos employées. Extravertie et fonceuse, elle possède un sens de l'humour contagieux ainsi qu'un talent naturel pour la cuisine. Les employés de notre atelier de production partagent toujours le repas du midi. Cette vieille habitude héritée du temps où nous étions traiteurs consolide les liens entre collègues et contribue grandement à l'atmosphère de travail. Selon les jours, le dîner est préparé par Philippe, Dashi ou un autre de nos collègues qui veut bien se risquer aux fourneaux. Dashi peut préparer de délicieux plats tamouls en un rien de temps et avec les ingrédients les plus simples. Depuis ses débuts chez nous, elle a aussi découvert des épices qui ne sont pas

Dashi et les amis

utilisées dans la cuisine de son Sri Lanka natal, comme le safran et les piments doux (pas piquants ? Inconcevable pour un Sri-Lankais !). Les résultats sont souvent surprenants, inspirants même.

Récemment, c'était son tour de cuisiner et nous avons plongé avec joie dans un cari de haricots longs à la noix de coco. Le plat, quoique succulent, n'avait pas les saveurs habituelles « à la Dashi ». Question de s'amuser, elle avait utilisé notre mélange à paëlla pour préparer son cari. « Un mélange valencien dans un cari sri-lankais ? Mais qu'est-ce qui t'a pris ? » avons-nous demandé. « *Because if it smell good, try**. » Tout simplement.

Dashi et la Dame, ces deux femmes au parcours bien différent, ont un point en commun de la plus grande importance : la volonté de bien manger et une confiance aveugle en leur nez. Après tout, le nez ne ment jamais, et comme dit Dashi, si ça sent bon, il suffit d'essayer.

*   Si ça sent bon, essaie !

LE CARI DE MADRAS

MÉLANGE PASSE-PARTOUT

E CARI DE MADRAS est probablement le mélange d'épices indien le plus connu au monde ET il est inconnu en Inde, où l'idée d'un mélange bon pour tous les plats est inconcevable. En fait, ce sont les Anglais de l'époque de l'East India Company qui ont popularisé ce produit inspiré des innombrables masalas du sud de l'Inde, en le vendant dans tout le *British Empire*. Depuis, ce cari a fait des petits partout où il a voyagé et il existe maintenant sur la planète des dizaines de versions… qui sont toutes aussi inconnues en Inde.

AMER	**fenugrec** 45 ml (3 c. à soupe)
	cumin 45 ml (3 c. à soupe)
PIQUANT	**poivre noir** 30 ml (2 c. à soupe)
	cayenne 5 ml (1 c. à thé)
	gingembre 5 ml (1 c. à thé)

DOUX	**fenouil** 60 ml (4 c. à soupe)
	coriandre 180 ml ($^3/_4$ tasse)
	curcuma 150 ml ($^5/_8$ tasse)
AROMATIQUE	**casse** 3 ml ($^1/_2$ c. à thé)
	1 feuille de cannelle
	ou 3 feuilles de laurier

CARI DE CREVETTES DE MADRAS
(RECETTE TRADITIONNELLE)

VOICI LA RECETTE qui a conquis la planète. Pour varier, il suffit de changer l'ingrédient principal : viande, volaille, poisson, fruits de mer, légumes, tofu. Bref, tout semble bon pour un cari, seul le temps de cuisson varie (couvrir la marmite pour les cuissons plus longues). Après, il suffit de choisir le liquide épaississant et de décider si on ajoute de l'ail, du gingembre et/ou du piquant. Les variations sont quasi infinies.

Pour cette recette, nous recommandons de ne pas décortiquer les crevettes. La sauce sera vraiment meilleure pour deux raisons : les carapaces lui donnent beaucoup de saveur et c'est toujours meilleur de manger avec ses doigts !

500 g (1 lb) crevettes crues avec leur carapace

5 ml (1 c. à thé) sel

30 ml (2 c. à soupe) cari de Madras, moulu

4 oignons moyens, hachés

60 ml (4 c. à soupe) huile *ou* ghee

125 ml (½ tasse) liquide épaississant au choix : crème, yogourt, bouillon, lait de coco, tomates hachées ou en conserve

1. Éplucher les crevettes, si on le désire. Les placer avec le sel et le cari dans un bol. Mélanger et réserver.
2. Dans une casserole, cuire les oignons dans l'huile à feu moyen jusqu'à ce qu'ils soient dorés et fondants (8-10 minutes).
3. Verser les crevettes et faire revenir 2 à 3 minutes. Ajouter le liquide de son choix et 250 ml (1 tasse) d'eau dans la casserole. Porter à ébullition et faire mijoter assez longtemps pour cuire l'ingrédient principal.

Note pour le temps de cuisson :
poissons et fruits de mer 5-10 minutes, volailles 30-40 minutes, viandes en cubes 1 h-1 h 30, et légumes, à vous de juger.

CURRY WURST

saucisses bratwurst

huile pour la friture

SAUCE

250 ml (1 tasse) ketchup

60 ml (¼ tasse) oignon,
haché très fin

30 ml (2 c. à soupe) vinaigre blanc

30 ml (2 c. à soupe) cari
de Madras, moulu

60 ml (¼ tasse) eau

5 ml (1 c. à thé) sauce anglaise
Worcestershire (facultatif)

GARNITURE

cari de madras, moulu

frites

mayonnaise

SAUCISSE ALLEMANDE, KETCHUP américain, cari anglo-indien, frites belges et mayonnaise (d'origine catalane) : une bouffe de rue allemande digne du village global qui commence à gagner le reste de la planète. Les Allemands en mangent plus de 800 millions de portions par année. Quelqu'un a besoin d'une preuve supplémentaire de l'universalité du cari de Madras ?

Vous pouvez faire bouillir la saucisse, mais comme elle n'absorbe pratiquement aucun gras il est plus intéressant de la frire pour que la peau soit craquante, d'autant plus qu'on vient juste de faire des frites. Souvent la saucisse est simplement garnie de ketchup et de cari moulu. En voici une version plus « raffinée ».

1. Placer tous les ingrédients de la sauce dans une petite casserole. Faire bouillir 2 minutes. Cette sauce se conserve longtemps dans un bocal au frigo.
2. Bien assécher les saucisses avec du papier absorbant. Cuire dans l'huile chaude 2 minutes. Égoutter sur du papier.
3. Pour servir, trancher la saucisse, placer dans une assiette jetable (on insiste !), garnir de sauce et saupoudrer de cari moulu. Accompagner de frites et de mayonnaise.

CARI DE POULET RAPIDE DE SUDHEER

NOTRE AMI SUDHEER a préparé ce cari à la fin d'une longue journée passée à visiter nos fournisseurs communs dans les monts Cardamome. Contrairement à Safi, son épouse, qui fait ses propres masalas traditionnels où chaque épice se prépare individuellement, il a utilisé un « chicken masala » local du commerce. Mais, marchand d'épices qu'il est, il a ajouté quelques épices entières pour le parfumer. Une vraie recette de gars qui veut se faire pardonner d'arriver en retard avec les achats.

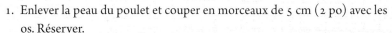

1. Enlever la peau du poulet et couper en morceaux de 5 cm (2 po) avec les os. Réserver.
2. Chauffer une casserole à feu moyen. Verser l'huile et ajouter l'oignon. Cuire 5 minutes en remuant à l'occasion. Ajouter l'ail et le gingembre et cuire 2 minutes de plus.
3. Ajouter les tomates, la cardamome, la cannelle et les clous de girofle entiers. Cuire jusqu'à ce que la pâte soit presque sèche et que l'huile ressorte.
4. Mélanger le cari moulu avec juste assez d'eau pour faire une pâte. Ajouter à la casserole et cuire 2 minutes de plus.
5. Ajouter le poulet et 400 ml (1 ½ tasse) d'eau. Saler au goût.
6. Porter à ébullition et laisser mijoter mi-couvert une quarantaine de minutes.
7. Laisser reposer 15-20 minutes avant de servir, si on en a le temps.

1 poulet moyen

60 ml (4 c. à soupe) huile de coco *ou* huile végétale

1 oignon, haché

6 gousses d'ail, hachées

30 ml (2 c. à soupe) gingembre, haché

2 tomates, hachées

4 cardamomes entières

1 bâton de cannelle de 5 cm (2 pouces)

4 clous de girofle

30 ml (2 c. à soupe) cari de Madras *ou* masala à volaille, moulu

sel au goût

Crispina

CRISPINA

ES MARCHÉS, OÙ LA PLUPART des étals sont tenus par des femmes, constituent pour Philippe des lieux de « drague » tout désignés. Si je lui tourne le dos une fraction de seconde, c'est tout ce dont il a besoin pour tenter sa chance auprès d'une dame ou d'une autre. Et j'entends toujours parler de ses rencontres, parce qu'il est incapable de garder pour lui ces « aventures »…

Nous avions donc décidé de découvrir chacun de notre côté le marché de Teotitlan del Valle, un petit village d'Oaxaca, quand Philippe m'a rattrapée pour m'informer qu'il s'en allait à la maison de Crispina et me demandait si j'aimerais me joindre à lui ? Estimant qu'il valait mieux jauger la concurrence, j'ai dit oui, naturellement !

Pas allumeuse pour un sou, Crispina est une dame qui parle espagnol d'un ton feutré rappelant celui de sa langue zapotèque maternelle. Elle et Philippe ont fait connaissance lorsqu'elle lui a demandé d'où lui venait son intérêt pour les tapis. Son fils Manuel est tisserand, et comme leur maison ne donne pas sur la rue principale où sont vendus la majorité des tapis mondialement connus de Teotitlan, elle se rend au marché et invite les touristes à venir admirer chez elle les créations tissées main de Manuel.

Une fois chez elle, nous avons rencontré Fernando, son conjoint, ainsi que Manuel et sa conjointe, Celiflor. Effectivement, les tapis de Manuel étaient magnifiques. En peu de temps, nous avions fait deux piles : « Voulons absolument et en avons les moyens » et « Voulons absolument et souhaiterions en avoir les moyens ». Une fois nos sélections effectuées, nous avons été touchés de l'invitation de Crispina pour le repas du lendemain midi. Ne refusant jamais une invitation pour manger quoi que ce soit et où que ce soit, nous avons donc accepté et posé deux questions : *A qué*

hora nous attendrait-elle ? Et pourrions-nous venir un peu plus tôt pour la regarder concocter le repas ?

Dès le début de la préparation, Celiflor et Crispina ressemblaient à des danseuses parfaitement synchronisées, excellent indice que leur chorégraphie culinaire devait se répéter chaque jour. Nous étions enchantés de pouvoir les observer, patientes sous le feu roulant de nos questions sur leurs recettes et leurs techniques. Dotée d'une grande expérience aux fourneaux, Crispina évitait soigneusement la cuisine intérieure que son fils avait meublée d'une cuisinière électrique et autres appareils modernes. Elle était plus à l'aise dehors, dans un espace muni d'un foyer ouvert et d'un *metate* ancestral (plateau de pierre pour moudre) sur la terre battue, placé à cet endroit le jour de son mariage, il y a vingt-cinq ans.

Son immense respect des traditions de ses ancêtres et l'application scrupuleuse de ces principes nous fascinaient ; cela lui demandait aussi un temps fou. Rôtir, peler, épépiner, tremper, moudre à la main les chiles et attiser le feu faisaient partie d'une routine quotidienne élaborée et séculaire. De plus, la cannelle, les feuilles de thym et d'avocat composaient ce qu'on pourrait appeler un garam masala zapotèque. L'observation de la préparation méticuleuse nous a fait comprendre pourquoi la culture des Zapotèques est toujours vivante aujourd'hui. Loin d'être une exception, Crispina est un exemple typique du mode de vie rurale hérité de ceux-ci.

Le dîner fait de lapin dans une sauce barbacoa, d'avocats frais et, bien sûr, de tortillas maison était remarquable par sa délicieuse simplicité.

En guise de cadeau d'adieu, nous avons offert à Crispina notre cari de Madras, qui comprend, entre autres, des épices qui n'ont rien de mexicain, comme le curcuma, le fenugrec, la casse et les feuilles de cannelle. Crispina n'en avait jamais

Celiflor et Manuel

entendu parler et a avoué ne pas savoir ce qu'elle pouvait en faire. Mais étant, nous aussi, des danseurs expérimentés et synchronisés lorsqu'il est question d'épices, nous lui avons simplement répondu : « Sens-le ! » Elle a humé le cari, et son expression de confusion initiale s'est rapidement transformée en un sourire entendu. Elle nous a alors dit avec une belle assurance : « Je pense que ça serait bon dans un mijoté de poulet. » Pas mal du tout, étant donné que les inventeurs du célèbre mélange s'en servent pour apprêter cette viande depuis... *quien sabe ?* – Dieu seul sait depuis quand !

LE CARI DE SINGAPOUR

MÉLANGE PASSE-PARTOUT

SINGAPOUR EST, SANS AUCUN DOUTE, une des capitales gourmandes de l'Asie. Cette ville-État est un véritable cocktail de cultures chinoise, indienne et malaise. Il n'est pas étonnant que son cari reflète cette fusion et qu'il permette d'improviser des plats aux saveurs d'Extrême-Orient.

| AMER | **cumin** 30 ml (2 c. à soupe) |
| | **fenugrec** 15 ml (1 c. à soupe) |

PIQUANT **poivre blanc** 10 ml (2 c. à thé)

cayenne 5 ml (1 c. à thé)

poivre de Sichuan 5 ml
 (1 c. à thé)

gingembre 15 ml (1 c. à soupe)

DOUX **coriandre** 45 ml (3 c. à soupe)

fenouil 10 ml (2 c. à thé)

curcuma 60 ml (4 c. à soupe)

AROMATIQUE **muscade** 5 ml (1 c. à thé)

casse 10 ml (2 c. à thé)

girofle 2 ml ($^{1}/_{2}$ c. à thé)

anis étoilé 10 ml (2 c. à thé)

CARI DE TÊTE DE POISSON
(RECETTE TRADITIONNELLE)

PLAT NATIONAL qui nous permet de reconnaître les trois cultures de Singapour. La pâte d'épices indiennes et chinoises est rissolée longuement à la façon malaise pour en faire un « rempah », une purée d'épices et d'échalotes rouges odorante bien caramélisée.

1. Faire bouillir un wok rempli à moitié d'eau bien salée. Blanchir la tête de poisson 3 minutes puis la rafraîchir à l'eau froide. Égoutter et réserver.
2. Placer tous les ingrédients de la pâte dans un robot culinaire et réduire en purée.
3. Chauffer le wok à feu moyen. Y verser l'huile, ajouter les feuilles de cari et la pâte d'épices et faire revenir en mélangeant sans arrêt jusqu'à ce que le tout soit bien odorant (10-12 minutes).
4. Ajouter le lait de coco et la même quantité d'eau, le sucre et le sel. Meurtrir la citronnelle avec un objet lourd et l'ajouter à la sauce. Porter à ébullition. Placer la tête de poisson dans la sauce et cuire 8-10 minutes. Quand le poisson est presque cuit, ajouter les légumes et la pulpe de tamarin. Cuire 2-3 minutes de plus et servir avec du riz.

1 tête de vivaneau *ou* mérou bien en chair de 1 kg (2 lb), écaillée et bien lavée

30 ml (2 c. à soupe) huile végétale

24 feuilles de cari (facultatif)

400 ml (1 ¾ tasse) lait de coco

400 ml (1 ¾ tasse) eau

15 ml (1 c. à soupe) sucre

sel

1 tige de citronnelle

1 petite aubergine chinoise, coupée en huit morceaux

6 okras, coupés en deux

1 tomate, coupée en huit

45 ml (3 c. à soupe) pulpe de tamarin *ou* jus de lime

PÂTE D'ÉPICES

12 gousses d'ail

45 ml (3 c. à soupe) gingembre

3 à 10 piments thaïs rouges *ou* 15-45 ml (1-3 c. à soupe) sambal oelek

20 échalotes françaises moyennes

45 ml (3 c. à soupe) cari de Singapour, moulu

15 ml (1 c. à soupe) curcuma, moulu

RAMEN AU CARI

30 ml (2 c. à soupe) huile végétale

5 ml (1 c. à thé) cari de Singapour, moulu

1 feuille de lime kaffir, sèche (facultatif) *ou* 2 ml (½ c. à thé) épices à saté, moulues

500 ml (2 tasses) légumes émincés au choix

2 paquets de nouilles style ramen à cuisson rapide

80 ml (⅓ tasse) lait de coco

60 ml (¼ tasse) eau

GARNITURES

125 ml (½ tasse) arachides cuites, concassées

2 échalotes vertes

1 filet d'huile de sésame

1 pincée de sucre

5 ml (1 c. à thé) vinaigre balsamique *ou* jus de lime

sambal badjak *ou* sambal oelek au goût

NOUS AVONS IMPROVISÉ ce plat à la fin d'un voyage de canot-camping avec ce qui traînait dans le fond du sac à dos. Depuis, c'est devenu un de nos favoris pour les soirs où le temps, les ingrédients et le courage de cuisiner manquent.

1. Chauffer l'huile dans un wok. Mélanger le cari avec un peu d'eau pour en faire une pâte molle.
2. Ajouter la pâte et la feuille de lime kaffir à l'huile et faire cuire 30 secondes en remuant sans arrêt.
3. Ajouter les légumes et les faire sauter 1 minute dans la pâte d'épices.
4. Ajouter les nouilles grossièrement écrasées, les sachets d'assaisonnement des ramen, le lait de coco et l'eau. Remuer sans arrêt durant 2-3 minutes.
5. Répartir dans deux bols et ajouter les garnitures.

MAÏS ET CHAMPIGNONS À LA CORIANDRE

NOUS N'AVONS JAMAIS testé cette recette avant d'imprimer ce livre, mais nous sommes persuadés qu'elle est bonne, car elle suit toutes nos règles. À vous de décider.

1. Placer le beurre, l'oignon et le fond d'un verre d'eau dans une casserole. Couvrir et cuire à feu moyen-doux pendant 5 minutes.
2. Ajouter les champignons, les épices, l'ail, la pâte de tomate et saler au goût. Bien mélanger et cuire à couvert 10-15 minutes en remuant occasionnellement.
3. Ajouter le maïs quand les champignons commencent à sécher et rissoler. Bien mélanger. Cuire jusqu'à ce que le tout soit bien chaud. Incorporer la coriandre et servir.

45 ml (3 c. à soupe) beurre

1 gros oignon, haché moyen

500 ml (2 tasses) petits champignons *ou* gros champignons, coupés en quatre

10 ml (2 c. à thé) cari de Singapour, moulu

5 ml (1 c. à thé) épices à saté, moulues

5 ml (1 c. à thé) épices du Yunnan, moulues

1 gousse d'ail, hachée

30 ml (2 c. à soupe) pâte de tomate

sel

500 ml (2 tasses) maïs en grains

250 ml (1 tasse) coriandre fraîche, hachée

Sudheer, Shafi, Babi et Ruuku

SUDHEER : GUIDE D'ÉPICES

E CHOC CULTUREL pour celui qui effectue le vol Montréal-Mumbai en janvier va bien au-delà des considérations météorologiques. La chaleur et l'humidité accablantes qui sautent au visage en sortant de l'avion sont vite supplantées par une avalanche d'odeurs – sueur, épices, encens et urbanité – et par une masse humaine impression-nante. Tout compte fait, laisser bottes et manteaux à Montréal était une excellente idée.

Nous ne connaissions personne à Mumbai, ni ailleurs en Inde, lors de notre première visite. Nous avons donc pris les dispositions pour qu'un chauffeur nous emmène de l'aéroport jusqu'à notre hôtel prétendument quatre étoiles – étoiles qui, semble-t-il, se sont volatilisées quelque part entre le site web aux airs de Bollywood de l'hôtel en question et notre compte *Paypal*. Les détails entourant le parcours en voiture et la saga de notre pension ne valent pas la peine d'être racontés, si ce n'est pour dire que le trajet était terrifiant et l'hôtel, un dépotoir excessivement cher.

Mumbai possède tout le charme et le lot de frustrations typiques des grandes villes. Une fois remis du décalage horaire, nous nous sommes dirigés vers Cochin et, de là, dans les montagnes de Kerala. La ville de Kumily, nichée dans les monts Cardamome, près de la réserve de tigres de Periyar, est considérée comme un paradis des épices : poivre noir, cardamome et clou de girofle. Devinez où nous nous sommes retrouvés ?

Ayant survécu aux misérables installations de Mumbai, nous avions bien mérité un hôtel confortable et, attirés par le mot « Spice », nous avons jeté notre dévolu sur le Sha-limar Spice Garden, situé au milieu d'un jardin d'épices avec vue sur une petite rivière. Cependant, pour visiter la plantation d'épices à proximité de la ville, nous devions engager un guide. C'est ainsi que nous avons rencontré Sudheer, à qui nous nous sommes empressés de faire comprendre que la visite guidée standard avec arrêt obli-gatoire dans une boutique d'épices pour l'achat de « souvenirs » n'était pas pour nous.

En buvant une tasse de thé, nous avons bavardé un peu avant de nous diriger vers les plantations. Nous avons vite découvert en ce jeune homme un vrai professionnel qui connaissait ses épices et saisissait la notion de terroir. Visiblement excité de pouvoir discuter de toutes les subtilités liées aux épices, il s'est mis à parler de plus en plus vite, et son anglais, déjà empreint d'un accent indien mélodieux, n'a pas tardé à adopter les inflexions rapides du malayalam, sa langue maternelle. C'est une habitude attachante à laquelle nous nous sommes accoutumés avec le temps, et nous nous y sommes adaptés en attendant patiemment qu'il retrouve son calme et réalise que nous n'avions rien compris de ce qu'il disait.

Intègre, intelligent et généreux, Sudheer est l'une des personnes les plus drôles que nous connaissons. Notre relation s'est développée lorsqu'il nous a invités à rencontrer sa femme, Shafi, et ses enfants et à partager avec eux son fameux « curry-rapide-de-soir-de-semaine ». Shafi est une femme charmante et leurs enfants, Babi et Ruuku, un pur bonheur. À vrai dire, la grande surprise de la soirée a été la délicieuse simplicité du curry rapide préparé par Sudheer en quelques minutes.

Quelques mois après notre premier voyage, Sudheer, qui n'avait jamais exporté d'épices auparavant, nous a fait parvenir nos cinq premiers kilos de poivre noir – par UPS ! Nous rions encore en pensant à ce que nous avons dû débourser pour le transport, aucun de nous ne connaissant alors de solution plus abordable.

Dès que Sudheer a réussi à surmonter les écueils de la bureaucratie indienne et à obtenir une licence d'exportation, nous avons remplacé UPS par des choix pratiques et moins coûteux. L'exceptionnelle cardamome, le poivre noir de catégorie supérieure, le curcuma Allepy, le gingembre Cochin et les piments indiens Khaddi, autrefois inaccessibles, nous sont maintenant expédiés par conteneurs. Que notre très astucieux guide en soit remercié, lui qui sait où dénicher les meilleures épices, nouer des relations avec des cultivateurs sérieux et comprendre exactement ce que nous recherchons.

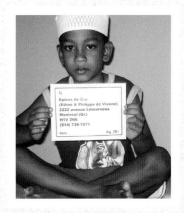

Le plus grand compliment que nous ayons eu à ce jour nous vient de Sudheer – qui n'est plus guide à la plantation d'épices, mais l'heureux propriétaire de plusieurs boutiques d'épices au Kerala – lorsqu'il nous a appris que, à la suite des connaissances que nous avions échangées au fil des ans, il avait décidé d'adopter pour sa propre entreprise quelques-uns des concepts d'*Épices de cru*®. Grâce à l'amitié de Sudheer et à ce qu'il nous a appris, nous sommes de meilleurs marchands d'épices et sans nul doute de meilleures personnes.

LE COLOMBO

MÉLANGE PASSE-PARTOUT

HISTOIRE DU COLOMBO ressemble à celle des autres caris du monde. Au XIXe siècle, les immigrants indiens venus aux Antilles françaises ont dû improviser leurs masalas avec les épices locales. Les piments locaux, le quatre-épices et ses feuilles, les feuilles de laurier local et le thym ont remplacé le poivre, le girofle, la cannelle et ses feuilles et l'adjwain communs en Asie du Sud. Le colombo doit probablement son nom aux immigrants venant de cette ville du Sri Lanka.

AMER	**thym (antillais si possible)** 30 ml (2 c. à soupe)

PIQUANT	**poivre noir** 45 ml (3 c. à soupe) **piment habanero** 5 ml (1 c. à thé)

DOUX	**curcuma** 45 ml (3 c. à soupe) **coriandre** 60 ml (4 c. à soupe) **moutarde brune** 90 ml (6 c. à soupe)

AROMATIQUE	**2 feuilles de bois d'Inde** **4 feuilles de laurier antillais** **muscade** 5 ml (1 c. à thé) **quatre-épices** 20 ml (4 c. à thé)

COLOMBO DE CABRI
(RECETTE TRADITIONNELLE)

LE CARI DE CHÈVRE est le plat national de plusieurs îles des Caraïbes. Cette version est celle de la Guadeloupe et de la Martinique. L'ingrédient principal peut varier comme dans tout bon cari : le poulet ou le cochon de lait avec sa peau sont particulièrement appréciés dans les Caraïbes.

1. Dans une grande casserole, chauffer l'huile. Ajouter les oignons, l'ail et les échalotes. Faire revenir quelques minutes.
2. Ajouter la viande et le colombo. Faire dorer. Ajouter les tomates, l'aubergine, le piment, le tamarin et assez d'eau pour couvrir. Saler et laisser mijoter à couvert 45 minutes.
3. Incorporer les pommes de terre et continuer à cuire jusqu'à ce que la viande soit tendre et les pommes de terre fondantes (30-40 minutes).
4. Retirer du feu et laisser reposer 15-30 minutes avant de servir.

75 ml (5 c. à soupe) d'huile olive

2 gros oignons, hachés

6 gousses d'ail, hachées

1 paquet d'échalotes vertes, haché

1,35 kg (3 lb) chèvre (chevreau ou cabri) avec os coupés en morceaux

45 ml (3 c. à soupe) colombo, moulu

2 tomates, hachées

1 aubergine moyenne, coupée en cubes

piment antillais (habanero) au goût, haché

45 ml (3 c. à soupe) pâte de tamarin *ou* jus de lime

sel au goût

450 g (1 lb) taro *ou* pommes de terre, en cubes

ROUGAIL DE SAUCISSES

15 ml (1 c. à soupe) huile d'olive

1 kg (2 lb) saucisses fraîches

1 gros oignon, tranché moyen

2 gousses d'ail, hachées

30 ml (2 c. à soupe) gingembre, coupé en julienne

15 ml (1 c. à soupe) colombo, moulu

piment fort au goût

1 verre de vin blanc

500 ml (2 tasses) tomates concassées

LE ROUGAIL VIENT de l'île de la Réunion, où il est fait avec du masalé local, un autre cari des îles françaises. Pour cette recette, nous n'avons que changé le mélange d'épices.

1. Dans une casserole, faire chauffer l'huile à feu moyen-doux. Ajouter les saucisses. Cuire quelques minutes de chaque côté pour les dorer.
2. Ajouter l'oignon, l'ail et le gingembre. Mélanger et cuire 5 minutes de plus en remuant à l'occasion. Incorporer le colombo et le piment. Bien faire revenir et déglacer avec le vin.
3. Verser les tomates. Couvrir et laisser mijoter 10-15 minutes de plus. Servir avec du riz.

SAUMON GRILLÉ AU COLOMBO

LE SAUMON GRILLÉ est inspiré d'une recette faite au bord de la mer des Caraïbes durant un de nos voyages. Toutes les saveurs des Antilles se retrouvent dans cette marinade passe-partout.

1. Bien mélanger tous les ingrédients de la marinade dans un bol. Laver et éponger le saumon avec du papier absorbant. Mariner le poisson de 1 à 2 heures.
2. Retirer le saumon du bol et réserver. Dans une casserole, faire chauffer l'huile à feu moyen, puis verser la marinade. Cuire en remuant 5-6 minutes. Verser le lait de coco et cuire jusqu'à ce que la consistance de la sauce plaise.
3. Cuire le saumon sur un gril chaud 2-3 minutes de chaque côté et servir avec la sauce coco.

4 filets de saumon de 150 g chacun (5 oz)

30 ml (2 c. à soupe) huile d'olive

375 ml (1½ tasse) lait de coco

MARINADE

15 ml (1 c. à soupe) gingembre râpé

4 échalotes vertes, émincées

10 ml (2 c. à thé) thym

15 ml (1 c. à soupe) colombo, moulu

30 ml (2 c. à soupe) crème de coco (prise sur le dessus de la boîte de lait de coco)

jus de 1 lime *ou* orange amère

5 ml (1 c. à thé) zeste d'orange râpé

piment au goût

60 ml (¼ tasse) rhum

un jet d'angostura bitter (facultatif)

sel au goût

15 ml (1 c. à soupe) huile d'olive

30 ml (2 c. à soupe) racine de coriandre fraîche hachée fin

Lyris et Philippe

L'ARBRE DE LA RETRAITE

JE NE ME RAPPELLE PAS EXACTEMENT quand j'ai parlé pour la première fois de nos ennuis de muscade avec ma sœur, Nouella. Inondations, déluges, ouragans, grèves, guerres, élections, révolutions (pour ne nommer que ceux-là !) sont monnaie courante dans les pays où l'on cultive les épices.

Comme mon cousin Alan habitait à Trinidad, il arrivait aisément à nous dénicher des épices de Grenade. Mais pour une raison qui nous échappait, les épices de cette île se faisaient de plus en plus rares, même à Trinidad. Cela pouvait devenir pour nous un véritable problème, puisque la muscade est essentielle à nombre de mélanges, dont le célèbre colombo des Antilles françaises.

La semaine suivante, ma sœur m'annonça que sa coiffeuse, une Grenadienne, avait une tante qui s'occupait de la production de cacao artisanal dans un village du nom de Paradise – rien de moins ! – et que je devrais la contacter pour voir si elle pouvait nous être d'un certain secours.

Ma première conversation avec cette *auntie* Lyris fut, disons-le, plutôt étrange. « Bonjour, je m'appelle Ethné, j'ai eu votre numéro par Susan, votre nièce… oui, oui, la coiffeuse à Montréal… non, je ne suis pas l'une de ses clientes, je n'ai pas vraiment de cheveux… » J'ai, malgré tout, réussi à la convaincre que ma sœur, qui, elle, avait beaucoup plus de cheveux que moi, connaissait bien Susan. Et que tout ce que je voulais, c'était de la muscade. « Vous êtes mon seul espoir », ai-je ajouté sans mentir. Quelques semaines plus tard, nous recevions notre premier paquet de cacao épicé, en plus de noix de muscade et de macis d'une qualité rare, récoltés avec soin sur l'île aux épices.

Notre relation avec Lyris s'est véritablement transformée quand nous l'avons rencontrée l'année suivante. C'était juste après le passage d'Ivan, le premier des deux

ouragans qui frappèrent la petite île en moins de dix mois. La maison de Lyris avait un peu souffert, mais sa foi en Dieu, comme celle de bien des Grenadiens, lui permettrait de s'en remettre sans trop d'inquiétude. Nous lui avons assuré que tant et aussi longtemps que ses arbres produiraient et qu'elle pourrait s'en occuper, nous nous engagions à la soutenir.

Nous avons partagé avec elle ce que nous avions appris dans d'autres plantations de muscade, ailleurs dans le monde – particulièrement en Indonésie – et, en retour, elle nous fit part du processus méticuleux de sélection par lequel elle arrivait à trouver de la muscade pour nous. La grande majorité des arbres de l'île étaient sévèrement endommagés et il s'avérait même difficile de trouver des fruits de muscadiers.

Neuf années ont passé depuis les ravages de l'ouragan Ivan, et les arbres à muscade se relèvent aujourd'hui, lentement. Vers l'âge de dix ans, ils commencent généralement à donner des fruits de qualité et continueront d'en produire pendant cinquante à quatre-vingts ans de plus, ce qui constitue souvent une retraite assurée pour celui qui les cultive, d'où le nom d'« arbre de la retraite ». Malheureusement, l'avenir de la muscade en tant que part importante de l'économie de l'île demeure toujours incertain. Plusieurs Grenadiens, pour survivre, ont dû se tourner vers d'autres types de culture.

La muscade figure toujours sur le drapeau de Grenade, mais les récoltes ne sont plus celles qui en faisaient autrefois le deuxième plus grand producteur du monde. Grâce à Lyris, à sa vision, à son savoir-faire et surtout à son ardeur, nous sommes toujours en mesure d'offrir à nos clients de la citronnelle, du curcuma, du laurier antillais, des feuilles de bois d'Inde, du cacao et, bien sûr, de la muscade, sur lesquels nous pouvons fièrement inscrire « Pays d'origine : Grenade ».

Drapeau de Grenade

Les épices à fruits de mer East Coast

MÉLANGE PASSE-PARTOUT

ES FRUITS DE MER SONT TRÈS POPULAIRES tout au long de la côte est des États-Unis, particulièrement le crabe, qui y est très abondant. Il n'est donc pas surprenant de retrouver du Maryland aux Carolines une grande sélection d'épices pour les poissons et les fruits de mer. Ces mélanges qui contiennent souvent du paprika, de la moutarde jaune, des graines de céleri, du poivre et des épices aromatiques sont peu piquants et répondent à la règle des mélanges passe-partout. En plus de leur usage traditionnel, ils sont particulièrement bons avec les légumes et les viandes blanches.

AMER	**graines de céleri** 15 ml (1 c. à soupe)	**DOUX**	**paprika** 90 ml (6 c. à soupe)
PIQUANT	**poivre noir** 10 ml (2 c. à thé)	**AROMATIQUE**	3 **feuilles de laurier**
	cayenne 3 ml (1/2 c. à thé)		4 **clous de girofle**
	gingembre 5 ml (1 c. à thé)		**quatre-épices** 8 ml (1/2 c. à soupe)
	moutarde jaune 60 ml (4 c. à soupe)		**macis** 15 ml (1 c. à soupe)
			cardamome verte 3 ml (1/2 c. à thé)
			casse 15 ml (1 c. à soupe)

CRABCAKES DU MARYLAND
(RECETTE TRADITIONNELLE)

LE CRABCAKE EST UNE RECETTE purement américaine originaire du Maryland et qui remonte au début du XXe siècle. Un plat qui reflète bien l'Amérique d'avant le *fast food* ; simple, rustique, fait d'ingrédients facilement disponibles et délicieux. Les *crabcakes* sont souvent servis avec une sauce tartare ou une mayonnaise aux herbes ou piquante.

2 tranches de pain

1 petit verre de lait

1 œuf

30 ml (2 c. à soupe) mayonnaise

5 ml (1 c. à thé) sauce Worcestershire

10 ml (2 c. à thé) moutarde de Dijon

3 échalotes vertes, hachées fin

8 ml (½ c. à soupe) épices à fruits de mer *East Coast* moulues

500 g (1 lb) chair de crabe nettoyée

60 ml (4 c. à soupe) huile végétale

1. Enlever les croûtes du pain et couper les tranches en cubes. Placer dans un bol et couvrir à peine de lait. Laisser reposer 1 minute et exprimer l'excédent de lait avec les mains. Jeter le lait et réserver le pain.
2. Placer le pain égoutté dans le bol avec l'œuf, la mayonnaise, la Worcestershire, la moutarde, les échalotes et les épices. Bien pétrir à la main.
3. Ajouter le crabe et mélanger à la fourchette. Former six *crabcakes* avec les mains.
4. Chauffer une poêle à feu moyen. Verser l'huile et faire dorer les *crabcakes* 3 minutes de chaque côté. Servir avec des quartiers de citron ou de la sauce tartare.

POMMES DE TERRE ÉTUVÉES AUX OIGNONS ESPAGNOLS

1 kg (2 lb) pommes de terre Russet moyennes

8 ml (½ c. à soupe) sel

10 ml (2 c. à thé) épices à fruits de mer *East Coast*, moulues

75 ml (5 c. à soupe) huile d'olive

2 gros oignons espagnols, tranchés moyen

6 gousses d'ail, hachées

5 ml (1 c. à thé) thym *ou* origan

GARNITURE

persil *ou* coriandre fraîche

LE SECRET DE CES POMMES DE TERRE, c'est de « *sofreir* » les oignons, une technique espagnole qui consiste à rissoler très lentement à feu réduit pour dorer à point sans rien brûler. Dégorger les pommes de terre avec du sel et les épices avant de les cuire leur permet de relâcher leur eau lentement pour qu'elles étuvent dans leur propre vapeur.

1. Éplucher et couper les pommes de terre en six quartiers. Placer dans un bol et mélanger avec le sel et les épices. Réserver.
2. Chauffer une casserole épaisse à feu moyen-doux. Verser l'huile et les oignons et cuire doucement en remuant de temps en temps. Ajuster le feu au besoin pour rissoler lentement sans que les oignons colorent ni relâchent leur eau dans la poêle.
3. Quand les oignons sont translucides (10-15 minutes), ajouter les pommes de terre, l'ail et le thym. Bien mélanger et couvrir. On peut aussi cuire au four à 190 °C (375 °F).
4. Baisser le feu quand la vapeur commence à s'échapper du couvercle. De temps à autre, remuer délicatement pour empêcher les pommes de terre de coller. Cuire jusqu'à ce qu'elles soient fondantes (25-30 minutes). Garnir d'herbes fraîches et servir.

PENNE SAUCE AUX PALOURDES ET SAUCISSES

LES ÉPICES À FRUITS DE MER sont un mélange passe-partout qui relève bien les viandes et particulièrement les combinaisons viandes et fruits de mer ; pensez paëlla et pilaf, par exemple. Dans cette recette, vous pouvez substituer les palourdes fraîches par des moules ou d'autres fruits de mer, mais n'oubliez pas d'ajuster le temps de cuisson pour ne pas trop les cuire.

1. Mettre une grande casserole d'eau salée à bouillir pour les pâtes.
2. Chauffer une autre casserole à feu moyen. Verser l'huile et dorer les saucisses des deux côtés (5-6 minutes). Ajouter les oignons, l'ail, les épices et les herbes. Cuire 3-4 minutes jusqu'à ce qu'ils soient colorés.
3. Déglacer avec le vin puis verser les tomates et laisser mijoter quelques minutes de plus.
4. Retirer les saucisses et les couper en rondelles. Remettre dans la sauce avec les palourdes. Cuire 5-6 minutes de plus jusqu'à ce que les palourdes soient ouvertes (3-4 minutes si on utilise des moules).
5. Entre-temps, faire cuire les pâtes.
6. Égoutter les pâtes quand elles sont *al dente*. Les mettre dans un grand plat, y verser la sauce et ajouter le persil haché. Bien mélanger. Ajouter un tiers du fromage et un filet d'huile d'olive de qualité, si on veut.
7. Servir avec le fromage restant en accompagnement.

45 ml (3 c. à soupe) huile d'olive

250 g (½ lb) saucisses italiennes piquantes

2 oignons moyens, tranchés

2 gousses d'ail, hachées

20 ml (4 c. à thé) épices à fruits de mer *East Coast*, moulues

5 ml (1 c. à thé) herbes de Méditerranée

1 verre de vin rouge

400 ml (1½ tasse) tomates en conserve

1 kg (2 lb) palourdes fraîches *ou* moules bien lavées

500 g (1 lb) penne

250 ml (1 tasse) persil haché

125 g (4 oz) fromage kefalotyri *ou* romano, râpé

Sabi

SABI ET LE SULTAN

OUS AVIONS PRÉVU de nous rendre sur l'île grecque de Chios en passant par Izmir, sur la côte ouest de la Turquie. Il nous fallait d'abord prendre un autobus de l'aéroport au centre-ville et, de là, un taxi jusqu'à l'Uckuyular Otogar. Puis, un autre bus nous mènerait à la ville touristique de Çesme et, à bord d'un traversier, nous arriverions à Chios une heure plus tard, sur la rive opposée d'un détroit de la mer Égée.

En général, les Turcs sont accommodants et gentils. Notre chauffeur de taxi semblait bien confirmer la règle, jusqu'à ce qu'il commence à insister, un peu trop, pour nous conduire directement à Çesme – pour la modique somme de 100 dollars ! Il nous a fallu nous mettre en colère pour qu'il nous dépose comme convenu à la station d'autobus, d'où nous pourrions prendre un bus qui ne nous coûterait finalement que 7 dollars chacun.

Après tant d'argumentation et de frustration, nous avions du mal à reprendre nos esprits, et il nous paraissait difficile de déterminer lequel de tous ces autobus menait à Çesme. Réalisant notre confusion, un jeune homme a proposé son aide, mais le souvenir du vilain conducteur nous avait laissés méfiants. Sur le coup, nous avons préféré ignorer son offre mais, à bien y regarder, il semblait sincère et le sort a voulu que Çesme soit également son lieu de destination.

Nous l'avons remercié et, après le bla-bla d'usage, nous lui avons demandé quel métier il exerçait. Il a répondu qu'il gagnait sa vie dans l'entreprise familiale. Naturellement, nous avons insisté et découvert que Sabi ne travaillait pas au sein de n'importe quel type d'entreprise : sa famille s'adonnait en fait au commerce des épices ! Nous ne pouvions croire que cet inconnu, croisé en Turquie dans une gare et allant au même endroit que nous, partageait notre intérêt pour les épices.

Une fois installés dans l'autobus, nous avons informé Sabi que nous étions des chasseurs d'épices. Il devint hésitant à son tour. Pour lui prouver notre sincérité, nous lui avons présenté un exemplaire de notre livre *La Cuisine et le Goût des épices*. L'ouvrage étant en français, nous lui avons assuré qu'il portait bel et bien sur les épices et que nous en étions les véritables auteurs. C'est à ce moment que Sabi nous a confié qu'il comprenait bien la langue de Molière, puisqu'il avait fréquenté un lycée français. Intrigant, ce Sabi ! Le jeune homme qui avait aidé deux infortunés voyageurs à monter dans le bon autobus exerçait la même profession qu'eux et maîtrisait admirablement leurs langues maternelles – le français et l'anglais – en plus de la sienne, le turc, et d'une variante médiévale de l'espagnol.

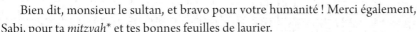
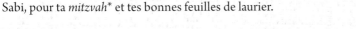

Sabi nous raconta brièvement l'histoire de sa famille, précisant que, lors de leur expulsion d'Espagne en 1492, ses ancêtres juifs avaient été forcés de s'installer à Izmir, ce qui avait incité Bayazid II, sultan de l'Empire ottoman, à déclarer : « Vous osez qualifier Ferdinand de sage dirigeant, lui qui a appauvri son pays et enrichi le mien ? » Difficile pour nous de dire plus juste, puisque certains de nos mélanges d'épices les plus originaux sont effectivement « enrichis » par les herbes de la côte égéenne.

Bien dit, monsieur le sultan, et bravo pour votre humanité ! Merci également, Sabi, pour ta *mitzvah** et tes bonnes feuilles de laurier.

*   « Bonne action » en hébreu.

LES ÉPICES
À KOFTE TURQUES

MÉLANGE PASSE-PARTOUT

N TURQUIE, CES ÉPICES SONT SURTOUT utilisées pour les boulettes de viande. Ce mélange est également très bon pour l'autre grand mets favori des Turcs : les kebabs.

Il s'agit d'un des mélanges préférés d'Éric Bédard (mieux connu sous le nom de Bédard), un de nos collègues, qui expérimente ces épices depuis des années. Au long des créations, nous avons découvert que ce mélange sert à beaucoup plus que les brochettes et les boulettes. En fait, c'est le genre d'expériences culinaires qui nous ont permis d'élaborer nos règles d'or.

| AMER | cumin 5 ml (1 c. à thé) |
| | fenugrec 5 ml (1 c. à thé) |

PIQUANT	piment d'Alep 125 ml (¹/₂ tasse)
	poivre noir 10 ml (2 c. à thé)
	nigelle 5 ml (1 c. à thé)

| DOUX | coriandre 10 ml (2 c. à thé) |

AROMATIQUE	casse 10 ml (2 c. à thé)
	quatre-épices 10 ml (2 c. à thé)
	3 clous de girofle

KOFTE DE GAZIANTEP
(RECETTE TRADITIONNELLE)

LA VILLE DE GAZIANTEP est célèbre pour ses soies, sa gastronomie et surtout ses pistaches, qui se retrouvent dans de nombreuses recettes locales. D'ailleurs, les baklavas aux pistaches et beurre de chèvre de la pâtisserie Imam Cagdas sont célèbres dans toute la Turquie et valent à eux seuls le voyage.

En Turquie, les kofte sont très populaires lors des pique-niques et ils sont souvent mangés froids avec une trempette, ou tout simplement avec du ketchup. À Gaziantep, les grillades sont souvent servies sur de l'excellente roquette locale. De plus, le jus de la viande et le reste de la sauce taratur font une salade délicieuse avec la roquette quand les kofte ont disparu.

1. Imbiber d'eau la tranche de pain. Bien l'essorer et l'écraser dans un grand bol.
2. Ajouter les ingrédients des kofte et bien mélanger.
3. Avec les mains, former des boulettes ovales aplaties (15-16 boulettes).
4. Cuire sur un gril ou dans une poêle huilée, quelques minutes de chaque côté.
5. Entre-temps, préparer la sauce. Placer les pistaches, l'ail, le pain, le sel et le cumin dans un robot culinaire. Réduire en purée, et pendant que la machine tourne ajouter le jus de citron, le tahini et juste assez d'eau pour faire une trempette épaisse.
6. Placer la roquette sur une grande assiette. Déposer les kofte dessus avec la sauce taratur aux pistaches.

1 tranche de pain rassis

450 g (1 lb) agneau *et/ou* veau, haché

1 petit oignon, râpé

2 gousses d'ail, râpées

60 ml (¼ tasse) raisins de Corinthe

125 ml (½ tasse) pistaches, hachées

10 ml (2 c. à thé) épices à kofte, moulues

30 ml (2 c. à soupe) menthe, hachée

15 ml (1 c. à soupe) aneth, haché

15 ml (1 c. à soupe) persil, haché

sel au goût

SAUCE TARATUR AUX PISTACHES

250 ml (1 tasse) pistaches

2 gousses d'ail

60 ml (¼ tasse) mie de pain

sel au goût

1 pincée de cumin, moulu

jus de 1 citron

60 ml (¼ tasse) tahini

GARNITURE

roquette (facultatif)

SOUPE AUX LENTILLES ET AUX POIS CHICHES DE BÉDARD

LES INGRÉDIENTS DE CETTE RECETTE peuvent varier. C'est une soupe « touski » : tout ce qui traîne dans le frigo. Ce qui ne change pas, ce sont les épices, la pâte de piment doux et les lentilles qui épaississent la soupe en 20 minutes ainsi que l'ingrédient favori d'Éric : les pois chiches.

1. Chauffer une grande casserole à feu moyen. Verser l'huile et ajouter les légumes tout en remuant à l'occasion.
2. Quand les légumes commencent à cuire, ajouter les épices et la pâte de piment doux. Cuire quelques minutes de plus.
3. Verser les lentilles, les pois chiches et le fond dans la casserole. Porter à ébullition. Saler au goût. Réduire le feu et couvrir. Laisser mijoter 20 minutes en remuant de temps en temps.
4. Incorporer l'ail, la menthe et le vinaigre. Cuire 2 minutes de plus. Servir la soupe garnie de yogourt et d'herbes.

* Disponible dans les épiceries moyen-orientales. La marque Öncü est très populaire en Turquie.

60 ml (4 c. à soupe) huile d'olive

1 oignon, haché

1 carotte, coupée en cubes

1 branche de céleri, tranchée

½ poireau, tranché

4 gousses d'ail, hachées

15 ml (1 c. à soupe) épices à kofte, moulues

45 ml (3 c. à soupe) pâte de piment doux turque* *ou* pâte de tomate

125 ml (½ tasse) lentilles rouges sèches

250 ml (1 tasse) pois chiches cuits

2 l (8 tasses) fond de volaille *ou* eau

sel au goût

2 gousses d'ail, finement râpées

60 ml (¼ tasse) menthe fraîche, hachée, *ou* 15 ml (1 c. à soupe) de menthe séchée

30 ml (2 c. à soupe) vinaigre de vin

GARNITURE
yogourt épais

coriandre fraîche *et/ou* persil haché

SHASHLIKS DE BŒUF

DANS LE CAUCASE, LES SHASHLIKS sont des brochettes de viande marinée très populaires. Le vin rouge et la mélasse de grenade* sont couramment utilisés là-bas comme marinade. Nous avons découvert que celle-ci se combine très bien avec les épices à kofte turques.

1. Mélanger tous les ingrédients de la marinade dans un bol. Ajouter la viande et laisser mariner au frais quelques heures.
2. Égoutter et embrocher la viande.
3. Faire fondre le beurre dans une petite casserole. Ajouter l'ail, cuire à feu doux 2 minutes. Retirer du feu et ajouter les herbes.
4. Faire griller la viande au goût désiré sur un feu vif au barbecue.
5. Brosser généreusement de beurre à l'ail et servir immédiatement.

* Cette mélasse est un jus de grenade concentré disponible dans les épiceries moyen-orientales.

450 g (1 lb) bavette de bœuf, en cubes de 2,5 cm (1 po)

MARINADE

1 verre de vin rouge

1 petit oignon, haché fin

45 ml (3 c. à soupe) mélasse de grenade *ou* vinaigre balsamique

sel et poivre noir au goût

15 ml (1 c. à soupe) épices à kofte, moulue

45 ml (3 c. à soupe) huile d'olive

BEURRE À L'AIL

125 g (¼ lb) beurre

4 gousses d'ail, hachées fin

60 ml (¼ tasse) coriandre *et/ou* basilic *et/ou* estragon frais, haché fin

Selin et Ferhat

LA CONNEXION TURQUE

AEED, MARCHAND DE TAPIS et antiquaire à Istanbul, nous avait fait part d'histoires de bouffe tellement savoureuses qu'en quittant sa galerie nous avons pris la direction d'une agence de voyages afin d'acheter deux billets d'avion pour Gaziantep, ville du sud-est de la Turquie que le jeune homme qualifiait de paradis.

En quittant l'aéroport, nous sommes allés directement à Anadolu Evleri, une ancienne villa arménienne transformée en confortable hôtel par Timur, son propriétaire turco-américain. La bâtisse était en plein centre de la ville, près du vieux marché du cuivre et juste à côté du restaurant Imam Cagdas, réputé pour ses baklavas maison, les meilleurs au pays. Timur, informé que nous étions venus à Gaziantep pour manger, a fort bien compris nos souhaits et s'est empressé de nous remettre une liste de restaurants, en ajoutant : « Vous devez absolument rencontrer Filiz ! » Nous étions prêts à rencontrer quiconque serait référé par Timur, car toute personne capable de citer aussi rapidement les noms de grands restaurants, motivée uniquement par sa passion pour la bonne chère, devenait un héros à nos yeux.

Filiz Hosukoglu, chercheuse culinaire et auteure, a un jour dit : « Quand nous partageons notre héritage, il prend de l'importance ; si nous le cachons, personne n'en profitera. » Elle est la personne-ressource pour les chroniqueurs gastronomiques, les réalisateurs de documentaires et les journalistes qui visitent Gaziantep. Filiz s'est consacrée à la promotion de la culture culinaire de sa ville natale en effectuant des recherches approfondies sur des recettes ancestrales, soucieuse de conserver l'authenticité du patrimoine alimentaire de l'est de la Turquie.

Après avoir longuement discuté de la culture culinaire et des recettes de la région, nous avons commencé à envisager sérieusement, pour la première fois, la possibilité d'importer quelques-unes des épices anatoliennes qui abondaient dans les bazars

Filiz

locaux. En réfléchissant à notre nouvelle mission, Filiz suggéra que nous engagions comme interprète l'une de ses anciennes étudiantes.

Jeune femme vive et intelligente, Selin nous a fait part de ses affinités avec notre province, le Québec. Elle nous a confié que sa mère lui avait donné le prénom de Céline Dion, notre célèbre chanteuse, tellement elle était fascinée par elle. Toute une façon d'honorer notre héritage !

Selin nous a emmenés rencontrer Ferhat, propriétaire d'un commerce d'épices et l'un des contacts de Filiz. Il nous a accueillis avec l'hospitalité turque typique dans sa boutique du bazar qui appartient à sa famille depuis des décennies. En guise d'introduction et pour prouver notre bonne connaissance du sujet, nous

avons présenté à Ferhat quelques-uns des mélanges d'épices créés pour notre marque *Épices de cru*® et ainsi sauté plusieurs étapes pour mieux aller droit au but, à savoir la conclusion d'une entente profitable.

Manifestement, Ferhat n'en était pas à ses premières armes ; les épices de sa boutique étaient de première qualité. Une fois les discussions sérieuses engagées, il nous a appris que ses « sélections spéciales », destinées à ses clients les plus avisés, étaient entreposées dans un autre lieu. Quel adroit commerçant ! Nous étions flattés de faire partie de ses relations privilégiées.

Convenir des détails de notre transaction a requis pas mal de temps, Ferhat n'ayant jamais exporté ses épices. Cette fois encore, grâce à l'ingéniosité et à la débrouillardise de Filiz, nous avons réussi avec une relative aisance à frayer notre chemin dans la bureaucratie turque.

L'enchaînement des événements – des histoires savoureuses de Zaeed à la gourmandise contagieuse de Timur, en passant par les ressources inestimables de Filiz et les capacités de traduction exceptionnelles de Selin – nous a menés à la découverte du piment noir oxydé de Ferhat (connu sous le nom de piment Isot), au sumac, aux noix de pin et aux fistik, ou pistaches d'Antep, les plus savoureuses au monde et l'emblème du pays, que nous proposons aujourd'hui fièrement dans nos boutiques.

LES ÉPICES À SATÉ

MÉLANGE PASSE-PARTOUT

ES SATÉS ONT ÉTÉ INVENTÉS par les cuisiniers de rue à Java au XIXe siècle et ont rapidement conquis toute l'Asie du Sud-Est. Aujourd'hui, les satés se retrouvent partout en Indonésie, et ils semblent être faits avec tout ce qui grille facilement : du poulet au cheval et des crevettes au tempeh. Avec une distribution géographique aussi grande, le mélange d'épices a plusieurs formulations, souvent avec du curcuma et du fenouil ou parfois avec des épices plus rares, comme le poivre long ou le galanga. C'est aussi un mélange qui a dépassé les brochettes depuis longtemps. On le retrouve en Thaïlande, en Malaisie et à Hong Kong dans des plats de nouilles et de sautés au wok. Un authentique mélange passe-partout !

PIQUANT	**piment oiseau** 15 ml (1 c. à soupe)
	poivre blanc 15 ml (1 c. à soupe)
AMER	**cumin** 15 ml (1 c. à soupe)
	ail sec 30 ml (2 c. à soupe)

DOUX	**coriandre** 40 ml (2 ½ c. à soupe)
AROMATIQUE	**cardamome** 10 ml (2 c. à thé)
	citronnelle sèche 10 ml (2 c. à thé)
	2 feuilles de lime kaffir, séchées

SATÉ KAMBING
(RECETTE TRADITIONNELLE)

C'EST LE PLUS TRADITIONNEL de tous les satés. À Java, il est fait avec de l'agneau ou du chevreau et grillé sur un feu très chaud de coquilles de noix de coco pour qu'il cuise rapidement et que la marinade sucrée caramélise dans les flammes.

450 g (1 lb) agneau désossé en cubes de 1 cm (½ po)

6 gousses d'ail, hachées

15 ml (1 c. à soupe) épices à saté, moulues

80 ml (⅓ tasse) ketjap manis*

60 ml (¼ tasse) jus de lime

piment fort au goût

brochettes de bambou

1. Mélanger tous les ingrédients dans un grand bol. Laisser mariner au frigo 1 ou 2 heures.
2. Embrocher le tout : 3 ou 4 morceaux de viande sur chaque petite brochette de bambou.
3. Griller les brochettes 2 minutes de chaque côté sur un feu vif. Servir avec de la sauce aux arachides (voir recette p. 65).

* Le ketjap manis est une sauce soya sucrée indonésienne disponible dans les épiceries asiatiques. On peut remplacer cette sauce par le mélange suivant : 50 % sauce soya foncée et 50 % sucre roux.

CALMARS GRILLÉS ET SALSA AUX ÉPICES À SATÉ

450 g (1 lb) calmars, nettoyés

45 ml (3 c. à soupe) huile d'olive

SALSA

2 gros poivrons verts

125 ml (½ tasse) coriandre fraîche, grossièrement hachée

15 ml (1 c. à soupe) épices à saté, moulues

sel au goût

30 ml (2 c. à soupe) huile d'olive

jus de ½ citron

1. Déposer les poivrons sous le gril jusqu'à ce que la peau soit noire. Les retourner et les griller de tous les côtés. Les placer dans un sac de plastique bien fermé pour les faire suer 15 minutes.

2. Éplucher les poivrons, enlever les graines et le placenta.

3. Déposer les poivrons épluchés dans un robot culinaire avec la coriandre, les épices moulues et du sel au goût. Réduire en purée. Verser dans un bol et incorporer l'huile d'olive et le jus de citron. Réserver.

4. Faire chauffer le gril à feu vif. Entre-temps, bien éponger les calmars avec du papier absorbant. Couper les calmars en morceaux de 4 cm (1 ½ po). Les placer dans un bol, ajouter l'huile d'olive et bien mélanger.

5. Griller les calmars 30 secondes. Les retourner et cuire 30 secondes de plus. Servir immédiatement avec la salsa.

AILES DE POULET AUX ÉPICES À SATÉ

CETTE RECETTE D'AILES DE POULET a gagné haut la main le jour où nous en avons testé plusieurs en prévision du Super Bowl.

1. Mélanger tous les ingrédients dans un grand bol. Mariner au frigo de 1 à 12 heures.
2. Préchauffer le four à 200 °C (400 °F).
3. Vaporiser une plaque avec de l'huile végétale.
4. Égoutter et placer les ailes sur la plaque. Enfourner et cuire 30 minutes. Accompagner de sauce aux arachides.

Préparation de la sauce

1. Placer les ingrédients dans un robot culinaire et réduire en purée. Ajouter de l'eau au besoin pour faire une sauce crémeuse.
2. Verser dans une casserole. Porter à ébullition et faire mijoter à feu doux 5 minutes en remuant souvent pour empêcher la sauce de coller. Diluer avec un peu d'eau au besoin. Cette sauce se congèle bien.

1 kg (2 lb) ailes de poulet

30 ml (2 c. à soupe) épices à saté, moulues

8 gousses d'ail, hachées

jus de 3 limes

sambal oelek au goût

45 ml (3 c. à soupe) sauce soya foncée

45 ml (3 c. à soupe) sucre brun

45 ml (3 c. à soupe) ketchup

SAUCE AUX ARACHIDES

2 échalotes françaises, hachées

15 ml (1 c. à soupe) sambal oelek *ou* piment fort

5 ml (1 c. à thé) épices à saté, moulues

30 ml (2 c. à soupe) sucre roux

400 ml (1¾ tasse) lait de coco

10 ml (2 c. à thé) sel

30 ml (2 c. à soupe) sauce soya foncée

45 ml (3 c. à soupe) jus de lime

225 ml (1 tasse) beurre d'arachides naturel *ou* d'arachides grillées

Ihsan

LA LANGUE DES ÉPICES

NOTRE ARRIVÉE À PADANG, dans le cadre du tournage de notre série documentaire *Chasseurs d'épices*, nous voulions d'abord et avant tout présenter les mélanges uniques d'épices fraîches, appelés « bumbus », qui caractérisent la cuisine des Minangkabau, une société matriarcale de l'ouest de Sumatra.

La cuisine minang doit son parfum aux épices comme les feuilles et les racines de curcuma, les feuilles de lime, le salam, le galanga, le gingembre et la citronnelle, en plus d'une généreuse quantité de piments à la fois savoureux et piquants. Une fois moulues, puis combinées à de l'ail et à des échalotes vertes, ces épices fraîches deviennent la base de nombreux mélanges, mieux connus sous le nom de Bumbu Minang.

Peu de gens parlent anglais à Sumatra, nous devions donc embaucher un interprète pour arriver à nous faire comprendre et – plus important encore – à comprendre ce qu'on nous dirait. Nous recherchions quelqu'un qui, en plus de s'acquitter de cette tâche, connaissait aussi les traditions relatives à la cuisine padang, très populaire dans toute l'Indonésie.

Nous avons rencontré Ihsan par l'entremise d'amis travailleurs humanitaires. Ancien étudiant en droit célibataire, il vivait alors de son salaire de traducteur pour un traiteur qui servait surtout les surfeurs australiens, de loin la plus importante espèce de touristes à Padang.

L'anglais d'Ihsan était plus qu'acceptable, et quand il a déclaré, avec un accent inimitable digne de l'Australie la plus profonde : « *The spicy is a human interest story* », nous avons su, sans aucun doute, qu'il était l'homme de la situation. Nous avons vite été séduits par son intelligence vive, mais aussi par la façon touchante dont il décrivait notre métier. Nous avions de la chance d'avoir

trouvé un interprète compétent, qui en plus parlait comme nous la « langue des épices ».

Ihsan n'avait jamais quitté l'ouest de Sumatra. Aussi, quand il a appris qu'à la fin du tournage de l'épisode Padang nous irions au lac Toba, plus au nord, il nous a dit, avec beaucoup d'enthousiasme, que ce voyage pourrait être comme le commencement de son Miranthau.

Selon la tradition séculaire du Miranthau, les jeunes hommes doivent quitter leur maison, leur île et, dans certains cas, leur pays pour aller chercher fortune. Les femmes Minang héritent de tous les biens de leur mère, y compris la maison et la terre ; elles sont donc peu attirées par des hommes à entretenir. C'est pourquoi seul un homme qui a réussi, peu importe les moyens utilisés pour y parvenir, peut être considéré comme un candidat potentiel pour une femme Minang.

Partout au monde, la grande popularité de la cuisine padang est sans aucun doute due à ce rituel migratoire. Les jeunes Minang voyagent beaucoup, et souvent très loin, en quête de prospérité. Nombre d'entre eux arrivent à survivre en ouvrant des restaurants ou des stands où ils servent ce qu'ils connaissent le mieux : des plats traditionnels minang, tous relevés avec soin, avec toutes les déclinaisons possibles du fameux Bumbu Minang.

« Une ville sans restaurant padang est en réalité un village », dit un vieil adage indonésien. Nous espérons vivement qu'Ihsan a depuis réussi à transformer un village en ville, quelque part près du lac Toba, avec tout le *spicy human interest* qu'on lui connaît.

LES ÉPICES TEX-MEX

MÉLANGE PASSE-PARTOUT

E MÉLANGE S'INSPIRE des innombrables mélanges passe-partout de la région frontalière États-Unis – Mexique. Leur innovation réside dans la fusion des chiles mexicains avec des ingrédients occidentaux comme le paprika, inventé en Europe, et l'ail sec, inventé aux États-Unis.

AMER	
cumin	30 ml (2 c. à soupe)
origan	45 ml (3 c. à soupe)
adjwain	20 ml (4 c. à thé)
ail sec	50 ml (10 c. à soupe)

PIQUANT	
chile ancho	45 ml (3 c. à soupe)
chile guajillo	90 ml (6 c. à soupe)
chile arbol	10 ml (2 c. à thé)

DOUX	
paprika	50 ml (10 c. à thé)

AROMATIQUE	
clou de girofle	2 ml ($^1/_2$ c. à thé)

TACOS DE BŒUF TEX-MEX
(RECETTE TRADITIONNELLE)

LE BŒUF EFFILOCHÉ de cette recette peut se faire encore plus lentement à la mijoteuse et il est bien meilleur réchauffé. Nous avions réussi à convaincre nos enfants, quand ils étaient petits, que ce *slow food* comptait pour leur ration de *junk food* de la semaine. Je pense qu'ils n'étaient pas dupes, mais comme ils adoraient construire leur propre taco, ils acceptaient tacitement le compromis.

60 ml (4 c. à soupe) épices tex-mex, moulues

30 ml (2 c. à thé) sel

45 ml (3 c. à soupe) cassonade

1,5 kg (3 ½ lb) rôti de palette de bœuf avec os

TACOS

tortillas

laitue, hachée

avocat, tranché

coriandre fraîche

salsa

jalapeño au vinaigre

oignon espagnol, haché

fromage cheddar, râpé

crème sure

1. Mélanger les épices, le sel et la cassonade et frotter la viande avec ce mélange.
2. Déposer la viande dans un plat allant au four. Bien sceller avec du papier d'aluminium (ou le couvercle du plat) et laisser reposer toute la nuit au froid.
3. Cuire la viande au four à 135 °C (275 °F) durant 3-4 heures.
4. Retirer les os et effilocher la viande dans la casserole à l'aide de deux fourchettes. Mélanger la viande avec le jus de cuisson.
5. Servir avec des tortillas chaudes et garnir les tacos au goût.

PILONS DE DINDE TEX-MEX À LA MIJOTEUSE

45 ml (3 c. à soupe) huile d'olive

2 kg (4 lb) pilons
et/ou ailes de dinde

3 oignons moyens,
coupés en quartiers

1 carotte, coupée en gros cubes

15 gousses d'ail

50 g (1 ½ oz) bacon, en dés

30 ml (2 c. à soupe) épices tex-mex

60 ml (4 c. à soupe) pâte de tomate

3 tomates, coupées en quartiers

1 bière

sel au goût

AU MEXIQUE, SA PATRIE d'origine, la dinde est rarement rôtie. Elle est plutôt mijotée ou braisée à toutes les sauces et elle n'est pas réservée uniquement pour les fêtes de Noël et de l'Action de grâce.

1. Dans une grande poêle, dorer la dinde dans l'huile, de tous les côtés, à feu moyen. Placer dans la mijoteuse.
2. Ajouter les oignons, la carotte, l'ail et le bacon dans la poêle et faire dorer. Ajouter les épices et la pâte de tomate. Laisser colorer 2 minutes.
3. Ajouter les tomates, la bière et saler au goût. Porter à ébullition et verser sur la dinde.
4. Cuire 6-7 heures dans la mijoteuse à basse température (*low*). Défaire la viande à la fourchette et servir avec du riz, de la polenta ou des pâtes nature.

MAÏS CRÉMEUX TEX-MEX

LES MEXICAINS ONT DOMESTIQUÉ le maïs et les chiles depuis des millénaires. Toute leur cuisine est basée sur cette combinaison. Pas étonnant que les mélanges à base de chiles comme le tex-mex et les épices à chili soient toujours bons avec les plats de maïs.

1. Placer la moitié du maïs et la crème dans un mélangeur. Réduire en purée fine (2 minutes). Réserver.
2. Dans une grande casserole, faire revenir lentement dans le beurre l'oignon, les épices et le poivron, quelques minutes sans colorer.
3. Entre-temps, couper la tomate en deux et la râper sur une râpe à fromage pour en extraire toute la pulpe. Jeter les peaux. Ajouter la pulpe de tomate et le maïs entier restant. Saler au goût. Bien mélanger et couvrir. Laisser étuver 10 minutes à feu doux.
4. Ajouter la crème de maïs, mélanger et cuire 2- 3 minutes de plus à découvert. Saler au goût. Garnir d'herbes et servir.

1 l (4 tasses) grains de maïs frais *ou* décongelés

125 ml (½ tasse) crème légère *ou* lait

60 ml (4 c. à soupe) beurre

1 oignon espagnol, haché

15 ml (1 c. à soupe) épices tex-mex, moulues

1 poivron rouge, en dés

1 tomate moyenne

GARNITURE

persil, basilic, coriandre, ciboulette (au choix)

Fernando et Lucia

LOS CHILEROS

P**HILIPPE RACONTE TOUJOURS** avec beaucoup d'enthousiasme les anecdotes entourant l'époque où il était chef dans la province du Yucatan. C'est d'ailleurs durant ce séjour de près de deux ans au Mexique que son intérêt déjà grand pour les piments s'est transformé en véritable obsession. Aujourd'hui fan invétéré de capsaïcine, Philippe sait si les chiles doivent être épépinés, s'il faut en rôtir les graines, s'ils doivent être grillés à sec, à la flamme ou encore réhydratés.

Au Mexique, on compte plus de 400 variétés de piments, certains doux et fruités, d'autres extrêmement savoureux et parfois terriblement piquants. Si les techniques de la cuisine mexicaine sont très variées, elles n'égalent en rien l'incroyable diversité des piments de ce pays.

Cela se passait bien avant l'arrivée d'Internet et, à l'époque, la seule façon d'acheter « en ligne » était encore, littéralement, de se mettre en ligne et d'attendre pour acheter ce qu'on voulait. Pour trouver des piments mexicains dignes de ce nom, il fallait connaître un Mexicain qui, par bonheur, en avait chez lui, supplier un ami en vacances d'en trouver dans un *mercado* local ou aller soi-même au Mexique. Nous y sommes allés plusieurs fois, mais entre les voyages l'option de l'ami vacancier demeurait assurément la plus pratique.

Les années ont passé et, maintenant devenus chasseurs d'épices à temps plein, nous avons réalisé qu'il ne nous restait qu'un seul ami vacancier, Roger, qui nous a gentiment présenté ses chileros préférés : Lucia et Fernando.

Lucia et Fernando sont nés dans la Sierra Mixe, sur les hauts plateaux de l'est d'Oaxaca. La région, constituée de dix-sept municipalités – toutes autochtones –, se situe à 1 200 mètres au-dessus du niveau de la mer, un terroir idéal pour le pasilla d'Oaxaca. La pauvreté les a tristement forcés à descendre dans la vallée en quête de travail.

Fernando ne pouvait pas subvenir aux besoins de la famille avec son maigre salaire d'ouvrier agricole, alors quand Lucia a trouvé un boulot de blanchisseuse, elle a dû, pour leur propre sécurité, enfermer ses enfants dans la chambre qu'ils partageaient tous ; en leur absence, dans la grande ville, il n'y avait ni famille ni amis pour s'occuper d'eux. Le seul rappel de cette histoire la fait encore pleurer aujourd'hui, et elle ne manque jamais de remercier Dieu d'avoir veillé sur ses garçons.

Lucia et Fernando en sont venus à penser que vendre des piments et attirer les projecteurs sur les

pasillas qui poussent dans les forêts humides des plus hauts sommets de la Sierra Mixe était une idée excellente et, aucun doute possible, moins dangereuse que de laisser les garçons seuls. C'était, de toute façon, plus profitable que d'attendre des emplois passagers et incertains. Avec un peu de chance et beaucoup de volonté, ils pourraient un jour retrouver leur Sierra, les pasillas et, surtout, une vie décente.

Malgré les difficultés du passé, avec l'aide de leurs quatre fils, ils vendent aujourd'hui des piments de la plus haute qualité, cultivés aux quatre coins du pays. Que l'on cherche des cascabels, des guajillos, des moritas ou les plus rares chilhuacles, ces *chileros* savent trouver ce qui se fait de mieux. Néanmoins, leur spécialité demeure le pasilla d'Oaxaca, un piment savoureux,

fruité et fumé, qui est aussi l'emblème de leur village. Ces piments sont d'abord séchés partiellement sur la tige avant d'être ramassés et placés ensuite dans un four en brique traditionnel pour le processus crucial et final de séchage, opération qui peut prendre jusqu'à deux semaines.

Nos *chileros* font la tournée des marchés régionaux pour vendre leurs superbes piments. Ils sont renommés pour leur méthode « diviser pour mieux régner » – ils se séparent pour vendre leurs produits dans plus d'un étal ou d'un site à la fois –, augmentant ainsi leurs ventes et fournissant à leurs fils l'occasion de développer leur propre clientèle.

Les enfants, devenus grands, tiennent maintenant des rôles bien définis dans l'entreprise familiale. Alfredo et ses frères, aussi bavards que leurs parents, nous informent des récoltes et des nouvelles de dernière heure sur les piments. Lucia et Fernando continuent à sélectionner assidûment ce qu'il y a de mieux pour nous.

Nous saluons l'ingéniosité des Mexicains pour la découverte, datant de quelque 8 000 ans, de cette épice qu'ils accommodent de mille et une façons, et rendons hommage aux peuples indigènes de Méso-Amérique qui ont partagé avec nous le mot le plus évocateur du monde des épices : *chilie*.

LE PANCH PHORAN

MÉLANGE PASSE-PARTOUT

IL S'AGIT D'UN MÉLANGE PASSE-PARTOUT qui se marie facilement à pratiquement toutes les épices et techniques. Le panch phoran est probablement le mélange le plus utilisé dans toute l'Inde. Au Bengale dans le nord-est, panch phoran signifie « cinq saveurs ». Chaque jour, des centaines de millions de Bengalis mangent ces « cinq épices ». Elles peuvent être grillées, rissolées, rôties, roussies, entières ou moulues, et toujours combinées avec d'autres épices dans les plats de poissons, de lentilles, de légumes ou même dans les chutneys.

Même si le panch phoran ne contient pas d'épices aromatiques, la combinaison cumin-fenugrec-fenouil est particulièrement parfumée et c'est pour cette raison que nous le classons dans les mélanges passe-partout.

AMER **cumin** 15 ml (1 c. à soupe)	**DOUX** **moutarde brune** 15 ml
fenugrec 15 ml (1 c. à soupe)	(1 c. à soupe)
	fenouil 15 ml (1 c. à soupe)
PIQUANT **nigelle** 15 ml (1 c. à soupe)	

CHUTNEY À LA MANGUE BENGALI
(RECETTE TRADITIONNELLE)

CE CHUTNEY DÉMONTRE les possibilités du « panch » : roussi entier à l'huile au début de la recette, puis grillé et moulu en finition. Pour réussir ce plat, utilisez les petites mangues vertes bien dures qu'on trouve dans les épiceries chinoises et antillaises et non pas les pauvres mangues mi-mûres de supermarché. En fait, la plupart des fruits verts, immatures et bien acides font l'affaire, car ce chutney ne contient pas de vinaigre. Nos tomates vertes d'été ou un ananas bien dur, par exemple, feront d'excellents chutneys.

500 g (1 lb) mangues vertes immatures

15 ml (1 c. à soupe) huile végétale

30 ml (2 c. à soupe) panch phoran

3 piments forts secs

250 ml (1 tasse) sucre brut naturel

15 ml (1 c. à soupe) sel de mer

1. Bien laver les mangues. Ne pas les éplucher. Avec un solide couteau de chef ou un couteau chinois, les couper en travers en morceaux de 2,5 cm (1 po). Retirer l'intérieur blanc des noyaux mais laisser les coques des noyaux et la peau des mangues. Réserver.

2. Chauffer l'huile à feu moyen et faire roussir (voir p. 20) les deux tiers des graines de panch phoran avec les piments.

3. Verser les morceaux de mangue dans la casserole pour arrêter la cuisson des épices. Couvrir d'eau et ajouter le sucre et le sel.

4. Porter à ébullition et cuire doucement à découvert jusqu'à ce que le chutney soit bien épais et confit (environ 1 heure) en remuant régulièrement pour s'assurer que le chutney ne colle pas, surtout vers la fin.

5. Entre-temps, griller le reste du panch phoran dans une petite poêle sèche (voir p. 19). Dès que les graines crépitent, les verser dans un mortier pour arrêter la cuisson. Moudre et incorporer au chutney juste avant de retirer du feu.

6. Mettre en pots tout de suite. Ce chutney se conserve plusieurs semaines au frigo.

CREVETTES AU PANCH PHORAN

15 ml (1 c. à soupe) panch phoran

10 ml (2 c. à thé) curcuma
ou paprika

5 ml (1 c. à thé) garam masala
ou sept-épices d'Alep

5 ml (1 c. à thé) poivre noir
ou 8 poivres *ou* piment fort

2 gousses d'ail

3 ml (½ c. à thé) sel

60 ml (¼ tasse) vin blanc
ou 30 ml (2 c. à soupe) jus de
citron

20 crevettes crues moyennes,
décortiquées

30 ml (2 c. à soupe) huile végétale

GARNITURE
quartiers de lime

CETTE RECETTE RAPIDE démontre bien les possibilités du panch phoran. On donne le choix d'accompagner le « panch » avec des épices indiennes classiques ou d'ailleurs. Une belle démonstration des règles d'or des épices.

1. Moudre les épices dans un mortier. Ajouter l'ail et le sel. Réduire en purée. Incorporer le vin.
2. Mariner les crevettes dans la pâte d'épices au moins 1 heure.
3. Dans une poêle chaude, verser l'huile et cuire les crevettes 2 minutes d'un côté, puis les retourner et cuire 1 minute de plus.
4. Servir chaud ou tempéré avec de la lime.

CHOUX DE BRUXELLES AU BACON ET PANCH PHORAN

NOTRE FILS ARIK dit de cette recette : « Petit, je me battais avec ma sœur pour les derniers choux de Bruxelles. C'est seulement plus tard que j'ai réalisé que la plupart des autres enfants détestaient ce légume. » Évidemment, les malheureux légumes bouillis à l'eau salée n'ont aucune chance face à six goûts et tant de saveurs.

1 l (4 tasses) choux de Bruxelles

2 tranches de bacon, coupées en lardons

15 ml (1 c. à soupe) panch phoran entier

4 gousses d'ail, hachées grossièrement

4 échalotes vertes, coupées en morceaux de 1 cm (½ po)

45 ml (3 c. à soupe) vinaigre balsamique

poivre *ou* 8 poivres, au goût

1. Parer les choux de Bruxelles. S'ils sont gros, les couper en deux.
2. Les cuire aux trois quarts à l'eau bouillante bien salée (8-10 minutes). Verser dans un égouttoir et laisser drainer sans rafraîchir à l'eau froide.
3. Faire revenir le bacon à feu moyen et ajouter le panch phoran quand le bacon commence à rendre son gras. Cuire 2 ou 3 minutes de plus, mais ne pas cuire au point de rendre le bacon croustillant, car le « panch » pourrait brûler et devenir très amer.
4. Ajouter l'ail et les échalotes. Bien mélanger et verser les choux de Bruxelles encore chaud dans le mélange. Cuire 5 minutes en remuant de temps en temps.
5. Déglacer avec le vinaigre pour décoller le fond de la casserole. Bien réduire, poivrer et servir.

Sainaba et Philippe

LES LEÇONS D'AUNTIE SAINABA

HAFI EST UNE TRÈS BONNE CUISINIÈRE. C'est aussi une jeune maman qui travaille à l'extérieur et qui croit ne pas toujours avoir le temps de préparer ses propres mélanges d'épices.

Le plus souvent, elle ajoute quelques épices fraîchement moulues aux mélanges commerciaux qu'elle achète préemballés. Cela lui simplifie la vie, dit-elle. Même si elle est mariée à notre ami et marchand d'épices Sudheer, Shafi, comme la plupart de ses contemporaines, n'éprouve aucune gêne à acheter ces versions toutes prêtes, même pour les *masalas* les plus traditionnels qui parfument la cuisine familiale.

En réalisant à quel point nous étions déterminés à percer les secrets des authentiques *masalas* des musulmans Mappila du Kerala, Shafi a appelé sa tante, *auntie* Sainaba, à la rescousse. Si quelqu'un pouvait nous enseigner comment mélanger les épices, un art qui tend à disparaître même en Inde, c'était bien elle.

Nos hôtes nous avaient avertis du caractère un peu vieux jeu de la tante, pour qui il n'y avait qu'une façon de faire les choses, c'est-à-dire correctement. Autrefois cuisinière professionnelle maintenant à la retraite, elle avait conservé sa discipline de chef en cuisine ainsi que son goût des plats bien apprêtés. Toutefois, vivre dans la maison de son fils l'avait forcée à accepter certains compromis : le plus important ayant été d'être littéralement chassée de la cuisine par sa belle-fille, maîtresse des lieux. *Auntie* Sainaba était prête à tout pour retourner aux fourneaux. N'importe quelle cuisine ferait l'affaire, même celle où deux étrangers l'attendaient avec un peu trop d'enthousiasme.

Réservée, Sainaba parlait très peu en s'affairant à la préparation de notre « leçon ». Notre incapacité à parler malayalam, sa langue maternelle, devint un avantage qui nous obligea à nous concentrer uniquement sur l'observation de tout ce

qu'elle faisait. Nous avons vite compris que nous étions en présence d'un chef exceptionnel dont la connaissance, la compréhension et la maîtrise de l'art du mélange d'épices étaient plus que remarquables.

Dès que sa tante a commencé à cuisiner, Shafi est restée dans les parages. Pour quelqu'un qui manquait toujours de temps, elle était étonnamment attentive à ce qui se tramait dans sa cuisine. Selon le mélange qu'elle créait, Sainaba débutait en broyant toutes les épices dans un mortier ou dans une poêle à sec, où elle faisait griller des épices entières – fenugrec, graines de moutarde, cumin ou piments – avant de les mélanger aux épices déjà moulues. Elle préparait aussi des tarkas, en faisant rissoler une épice ou une autre dans le ghee ou l'huile.

L'éventail d'épices et de techniques utilisées par Sainaba, combiné à un minutage d'une précision remarquable, avait de quoi donner le vertige. Parfois, aux épices qu'elle faisait griller elle ajoutait des ingrédients comme des oignons ou de l'ail. Dès que le tout mijotait, elle ajoutait d'autres épices ou encore elle mettait la touche finale à un plat en le saupoudrant d'épices grillées. Très consciencieusement, nous prenions des notes tout en pensant à la chance que nous avions d'avoir eu si souvent comme enseignantes les *aunties* de ce monde.

Sainaba a partagé avec nous bien plus que ses techniques de mélange et de mouture des épices. Ces mélanges, sans exception, ont résisté à l'épreuve du temps et ont continué d'évoluer d'une génération à l'autre durant des siècles. Bien entendu, il y a toujours place pour l'innovation, et c'est ce qui doit guider notre inspiration pour continuer à créer, sans oublier de rendre honneur à ce qu'on nous a d'abord enseigné.

LE SEPT-ÉPICES D'ALEP

MÉLANGE PARFUMÉ

LEP EST LA PLUS ANCIENNE VILLE du monde. Située sur la route des épices, la ville a long-temps assuré sa richesse par le commerce de produits exotiques. Depuis toujours, ses chefs sont réputés au Moyen-Orient pour le raffinement de leur cuisine.

Le sept-épices, aussi appelé poivre d'Alep ou épices d'Alep, est un mélange ancien qui s'utilise surtout avec les viandes et les volailles. Ce mélange fin et un peu piquant peut servir à beaucoup plus.

AROMATIQUE
quatre-épices 30 ml (2 c. à soupe)
cannelle 5 ml (1 c. à thé)
muscade 10 ml (2 c. à thé)
cardamome verte 5 ml (1 c. à thé)
galanga 3 ml (¹/₂ c. à thé)
girofle 3 ml (¹/₂ c. à thé)

PIQUANT
poivre noir 30 ml (2 c. à soupe)
gingembre 3 ml (¹/₂ c. à thé)

KEBAB AUX CERISES
(RECETTE TRADITIONNELLE)

LA SAUCE AUX CERISES est une spécialité d'Alep. Elle est servie avec des kebabs de viande en cubes ou hachée. Les versions varient parfois, mais les saveurs restent les mêmes. Cette sauce est particulièrement délicieuse avec des côtelettes d'agneau.

1. Dans un bol, bien mélanger la viande, l'oignon, le fromage, les épices et le sel. Laisser reposer 1 heure au frigo.
2. Façonner la viande en kebabs sur quatre brochettes ou faire seize boulettes aplaties.
3. Dénoyauter les griottes et les écraser à la fourchette. Cuire dans une casserole avec le jus de griottes et le sel. Faire bouillir à feu doux jusqu'à ce que la sauce épaississe. Verser la crème, faire bouillir 2 minutes et réserver.
4. Sur un gril, cuire les kebabs 6-8 minutes à feu moyen en les retournant à l'occasion. Alternativement, faire cuire les boulettes dans une poêle à griller.
5. Disposer les triangles de pita dans une assiette, verser la sauce dessus. Poser les kebabs et décorer avec les noix de pin et du persil.

500 g (1 lb) agneau *ou* veau, haché

60 ml (¼ tasse) oignon, râpé

125 ml (½ tasse) fromage d'Alep *ou* mozzarella, râpée

10 ml (2 c. à thé) sept-épices d'Alep, moulu

sel au goût

SAUCE

un pot de griottes de 600 ml (2 ½ tasses), égouttées et dénoyautées

250 ml (1 tasse) jus de griottes

sel au goût

125 ml (½ tasse) crème épaisse

ACCOMPAGNEMENT

pain pita, coupé en pointes

GARNITURE

60 ml (¼ tasse) noix de pin grillées

persil, haché

SOUPE DE COURGE AUX ÉPICES D'ALEP

75 ml (5 c. à soupe) beurre

2 oignons, hachés

1 blanc de poireau moyen, tranché

sel au goût

2 l (8 tasses) courge, pelée
et coupée en cubes

10 ml (2 c. à thé) sept-épices d'Alep

1 ½ l (6 tasses) bouillon
de poulet *ou* eau

environ 500 ml (2 tasses) lait

GARNITURE

125 ml (½ tasse) graines de
citrouille, rôties

ciboulette *ou* échalote verte,
ciselée

piment d'Alep au goût

LA COURGE SE MARIE BIEN aux épices aromatiques, et le sept-épices d'Alep ne fait pas exception. La quantité de lait ajoutée à cette soupe peut varier selon la texture de la courge et votre préférence.

1. Faire fondre le beurre à feu moyen-doux dans une casserole. Ajouter les oignons, le poireau et du sel. Mélanger et couvrir. Laisser étuver 10 minutes.
2. Ajouter la courge, les épices et le bouillon. Cuire couvert jusqu'à ce que la courge se défasse (30 minutes). Réduire en purée au mélangeur. Verser juste assez de lait pour faire un potage bien crémeux.
3. Réchauffer et servir garni de graines de citrouille rôties, de ciboulette et de piment d'Alep.

PILAF DE QUINOA AUX FÈVES DE LIMA

1. Chauffer une casserole à feu moyen-fort. Verser l'huile, les échalotes, le céleri, les champignons et les épices. Faire revenir quelques minutes.
2. Ajouter la carotte, le quinoa et les fèves de Lima et bien mélanger. Ajouter 250 ml (1 tasse) d'eau et saler au goût.
3. Porter à ébullition. Couvrir et réduire à feu doux. Laisser mijoter 15 minutes.
4. Mélanger le yogourt, l'ail et le sel. Servir avec le pilaf de quinoa.

45 ml (3 c. à soupe) huile d'olive

1 paquet d'échalotes vertes, émincées

1 branche de céleri, en petits dés

125 ml (½ tasse) champignons, tranchés

7 ml (½ c. à soupe) sept-épices d'Alep, moulu

1 carotte moyenne, râpée grossièrement

250 ml (1 tasse) quinoa

250 ml (1 tasse) fèves de Lima, fraîches *ou* décongelées

250 ml (1 tasse) eau

sel au goût

ACCOMPAGNEMENT

250 ml (1 tasse) yogourt nature épais

1 gousse d'ail, râpée finement

sel au goût

Philippe et M. Mohammed

LE SOUK AL-MADINA

Ù QUE L'ON SOIT, ATTERRIR à 2 heures du matin peut être déconcertant. Et même si je suis de ceux qui croient que les chauffeurs de taxi d'aéroport sont relativement inoffensifs partout dans le monde, je pense aussi que bon nombre d'entre eux sont atteints d'un syndrome quelconque qui les transforme en tueurs en série potentiels aux premiers coups de minuit. Cela peut sembler absurde, mais j'étais convaincue qu'attendre le lever du jour pour quitter l'aéroport d'Alep était plus sécuritaire. Nous y sommes donc restés jusqu'à 4 h 30 et, comme je le pressentais, ces hommes commencèrent alors – miraculeusement – à ressembler à… des chauffeurs de taxi.

C'était notre premier voyage en Syrie et nous n'y connaissions personne. En revanche, nous savions qu'Alep avait été, pendant quatre mille ans, l'une des plus importantes villes du commerce des épices.

Nous avions bien hâte de visiter le souk al-Madina ; nous avons vite fait route vers ses portes incroyablement massives, en bois ouvragé. Puis, nous avons franchi les murs de pierre de l'époque médiévale, de plusieurs mètres d'épaisseur. Nous sommes entrés dans ce que le professeur d'histoire et d'anthropologie Amr Al-Azm désignait en entrevue à la BBC comme « l'une des structures architecturales les mieux préservées au Moyen-Orient ».

Les passages voûtés, étroits et sinueux du plus grand marché couvert au monde nous ont transportés, instantanément, au XIVᵉ siècle. Le labyrinthe de boutiques et d'étals débordant d'objets et d'humains – on aurait dit une véritable marée – avait quelque chose de déroutant, mais de profondément éclectique et énergisant. On y vendait de tout : tapis, savon, bijoux, produits agricoles et, bien sûr, des épices, transportés de tous les côtés sur des vélos, charrettes, brouettes et même quelques

Abdul et fils

Abdul et Philippe

ânes. Nous y avons passé plusieurs heures, étourdis, à observer, pointer et admirer, tout en essayant de nous y retrouver.

Il n'a pas fallu grand temps pour qu'un nouvel « ami » nous salue d'un « Bonjour ! » (en français !) en prenant délibérément Philippe par les épaules. Blond aux yeux bleus, le charismatique Abdul, originaire d'Alep, flânait dans le souk quand il n'enseignait pas le français aux élèves du secondaire. Comme sa boutique n'était pas située dans les allées les plus achalandées, il allait à la pêche aux clients dans les endroits plus occupés. Nous-mêmes en pleine partie de pêche aux épices, c'est avec grand plaisir que nous nous sommes laissés hameçonner ! Après quelques tasses de thé et de captivants échanges en français, nous avons indiqué à Abdul la boutique d'épices qui nous semblait la plus intéressante. En moins de deux, il nous présentait le propriétaire de la boutique en question, son « ami » Mohammed.

Le piment d'Alep de M. Mohammed et son cumin syrien étaient extraordinaires. Était-ce parce qu'ils poussaient dans un lieu où les hommes ont été les premiers à domestiquer le blé sauvage et d'autres céréales ? Ou était-ce plutôt en raison du terroir exceptionnel où

ces espèces avaient été cultivées ? Une fois de plus, la relation entre terroir et épices prenait tout son sens.

Abdul était très généreux. Il avait abandonné sa boutique sans prendre le temps de suspendre à sa porte l'écriteau « Parti à la pêche ». Il concentrait ses efforts à nous aider à entamer les discussions avec M. Mohammed – moins de cinq heures après notre arrivée à Alep… un record, même pour nous.

Abdul a continué à nous servir d'intermédiaire avec M. Mohammed, devenu notre fournisseur officiel d'épices syriennes. Cette entente, profitable aux trois parties, a fonctionné à merveille durant cinq ans, jusqu'à ce que la plus ancienne ville du monde, habitée sans interruption depuis ses origines, commence à s'effondrer, dévastée par l'impitoyable guerre civile qui y fait rage depuis 2011.

LES HERBES DE LA MÉDITERRANÉE

MÉLANGE D'HERBES

OUS AVONS CRÉÉ CE MÉLANGE en nous inspirant des nombreux mélanges d'herbes amères que l'on trouve de la Provence à la Grèce, en utilisant les herbes des plus beaux terroirs de la Méditerranée : sauge de Chyos, origan de la côte ouest de Turquie, thym zaatar de Syrie, romarin, thym et marjolaine des coteaux de Provence. Toutes les plus belles saveurs de la Méditerranée dans un seul pot !

AMER   **romarin** 20 ml (4 c. à thé)
thym 15 ml (1 c. à soupe)
marjolaine 20 ml (4 c. à thé)
thym zaatar 15 ml (1 c. à soupe)
sauge 5 ml (1 c. à thé)
origan 10 ml (2 c. à thé)

SAUCE TOMATE DE BASE
(RECETTE TRADITIONNELLE)

VOICI LA SAUCE CLASSIQUE à faire en grande quantité et à congeler à la fin de l'été quand les tomates ne seront jamais aussi bonnes et si bon marché. Infuser les herbes avec l'ail dans l'huile d'olive au début de la recette permet d'aromatiser délicatement cette sauce de base. Par la suite, vous pouvez ajouter d'autres ingrédients ou plus d'herbes pour rehausser la sauce.

1 kg (2 lb) tomates bien mûres

45 ml (3 c. à soupe) huile d'olive

2 gousses d'ail, hachées fin

10 ml (2 c. à thé) herbes de Méditerranée

sel au goût

15 ml (1 c. à soupe) poivre noir, moulu

sucre (facultatif)

1. Dans une casserole d'eau bouillante, blanchir les tomates 1 minute. Les retirer et les placer dans un bol d'eau froide.
2. Éplucher les tomates. Couper en quartiers et réserver.
3. Chauffer l'huile d'olive dans une casserole à feu moyen. Ajouter l'ail et les herbes. Cuire jusqu'à ce que l'ail soit doré (1-2 minutes).
4. Ajouter les tomates, le sel et le poivre. Porter à ébullition et laisser mijoter 30 minutes. Goûter et, au besoin, ajouter une pincée de sucre si la sauce est trop acide.

ÉPAULE D'AGNEAU RÔTIE À PETIT FEU

1 épaule et collier d'agneau
de 3 kg (7 lb)

30 ml (2 c. à soupe) sel de mer fin

80 ml (⅓ tasse) huile d'olive

60 ml (4 c. à soupe) herbes
de Méditerranée

CETTE RECETTE EST INSPIRÉE d'un agneau rôti à la broche que nous avons mangé en Crête. Il avait cuit lentement en plein air devant un petit feu. Ce jour-là, il semblait que le vent chargé des odeurs des herbes sauvages des montagnes était suffisant pour aromatiser la viande.

1. Frotter la viande avec le sel et laisser reposer 2-3 heures dans un endroit frais.
2. Préchauffer le four à 135 °C (275 °F).
3. Verser l'huile sur l'agneau et appliquer les herbes partout. Poser sur une plaque.
4. Rôtir 4 heures. Badigeonner la viande avec son jus toutes les heures.
5. Sortir du four et laisser reposer dans un endroit sans courant d'air pendant 30 minutes avant de servir.

TORTELLINIS DE FROMAGE DE CHÈVRE

PEU DE CHOSES SONT AUSSI satisfaisantes que de réaliser ses propres pâtes !
On peut toutefois se simplifier la vie en utilisant des pâtes à raviolis chinois,
disponibles dans le rayon des produits congelés des épiceries chinoises...

1. Travailler le fromage avec l'huile,
    le poivre et les herbes.
2. Placer un peu de farce sur
    chaque pâte. Humecter le bord
    des pâtes. Replier en demi-lune,
    puis pincer les pointes de la
    demi-lune ensemble pour faire
    des tortellinis. Réserver sur une
    assiette légèrement farinée en
    s'assurant que les tortellinis ne
    se touchent pas.

3. Pour préparer la garniture, chauffer une poêle à feu moyen. Ajouter l'huile,
    l'ail et le piment. Lorsque l'ail est bien doré, ajouter le poivron et cuire
    3 minutes. Ajouter les tomates et les olives, et cuire 2 minutes de plus.
4. Entre-temps, cuire les tortellinis à l'eau bouillante salée jusqu'à ce qu'ils
    flottent (2-3 minutes).
5. Retirer les pâtes du chaudron avec une écumoire et ajouter les tortellinis
    chauds dans la poêle avec le persil. Sauter 30 secondes et servir.

250 ml (1 tasse) fromage
de chèvre frais

30 ml (2 c. à soupe) huile d'olive

poivre au goût

10 ml (2 c. à thé) herbes
de Méditerranée

1 paquet de pâtes pour Kuo Tieh

GARNITURE

60 ml (4 c. à soupe) huile d'olive

4 gousses d'ail, tranchées

piment fort sec au goût

½ poivron jaune, en dés

2 tomates, en dés

12 olives noires, dénoyautées

125 ml (½ tasse) persil haché

M. Dionysios et sa petite-fille

M. DIONYSIOS

E N'IRAI PAS JUSQU'À DIRE que j'ai traîné Philippe de force à Chios, la plus grande île grecque de la mer Égée. Disons simplement que son enthousiasme, sur une échelle de 1 à 10, se situait plus près du 3 que du 9. « Qu'est-ce qu'on peut espérer d'une île connue pour être le seul endroit au monde où on récolte le mastic ? » Sa longue question méritait une courte réponse. « Allez ! Fais-moi plaisir ! »

Comme nous avons atterri sur l'île à la tombée de la nuit, nous sommes partis directement pour Metsa, le village où nous prévoyions passer les prochains jours. En entrant au bureau de location de l'appartement, j'ai remarqué un petit bol rempli de feuilles. Je m'en suis approchée, j'en ai pris quelques-unes que j'ai froissées dans le creux de ma main avant de les sentir. Même si elles n'étaient pas de la première fraîcheur, il s'en dégageait un parfum âcre, un peu fort... Du laurier !

Sans perdre de temps, j'ai demandé à la réceptionniste d'où venaient les feuilles. « Oh, de chez M. Dionysios. » J'ai insisté, espérant obtenir plus d'informations : « Et il habite où, ce Dionysios ? » « Dans le village, sur la même rue que votre appartement. Vous verrez, ce n'est pas loin. »

Heureusement, en nous montrant notre lieu de résidence, la réceptionniste nous a indiqué sa maison. Nous y étions bien sûr dès le lendemain et, visiblement, M. et Mme Dionysios nous attendaient, debout près d'une table où s'étalait une sélection d'herbes qu'il avait lui-même cueillies à la main.

Le début de notre conversation a davantage porté sur son mélange spécial d'herbes, composé de sarriette, d'origan et de thym qui poussaient à l'état sauvage sur l'île et qu'il ramassait, ensachait et vendait aux touristes. Il nous a par la suite expliqué, dans un singulier mélange de grec et d'anglais, les particularités de chacune des plantes qu'il avait l'habitude de cueillir lors de sa randonnée quotidienne dans les alentours.

Le climat sec et la composition géologique unique de l'île balayée par les vents de la mer, nous a-t-il dit, étaient ce qui donnait aux herbes locales une saveur si relevée et si intense. Forcées de livrer un long et dur combat pour survivre dans un sol si pauvre, celles qui réussissent sont, naturellement, robustes et très parfumées. Cette déclaration confirmait notre théorie : le terroir – ou la spécificité d'un lieu – est étroitement lié à la qualité des épices.

Sans grande surprise, l'humeur et l'attitude de Philippe ont changé radicalement après notre rencontre avec les Dionysios. Ayant exploité avec succès un restaurant pendant plusieurs années, le couple possédait un sens aigu des affaires. M. Dionysios a donc proposé de nous vendre son mélange ainsi que toutes les herbes de l'île qui nous faisaient envie.

Maintenant à la retraite, il effectuait sa cueillette tous les jours ; alors, pourquoi ne pas expédier ses herbes à Montréal ? Cette cordiale entente, profitable aux deux parties, a fonctionné à merveille pendant

M. Dionysios et Philippe

plusieurs années, jusqu'à ce que M. Dionysios rende son dernier souffle, l'été dernier.

Sa fille, Despina, nous a assuré qu'elle voulait de tout cœur poursuivre avec sa sœur le travail de leur père, en nous fournissant ce qui, pour nous, garderait à jamais le nom d'« herbes sauvages de M. Dionysios ».

LES ÉPICES À NOIRCIR CAJUNS

MÉLANGE À GRILLADES

ES ÉPICES À GRILLADES CONTIENNENT du sel qui, bien sûr, sale les aliments, mais surtout est indispensable à la création de croûtes sur les grillades. Le génie de Paul Prud-homme (voir p. 96) vient du fait qu'il a utilisé un de ces mélanges (voir p. 14) pour créer une technique de cuisine complètement nouvelle. Noircir consiste à coller les épices sur l'aliment avec du beurre clarifié et à le cuire dans une poêle brûlante pour créer une croûte délicieuse. Les épices à noircir cajuns peuvent également être utilisées pour toutes sortes de grillades.

AMER	**origan** 10 ml (2 c. à thé) **ail sec** 30 ml (2 c. à soupe)	**DOUX**	**paprika** 40 ml (2 ½ c. à soupe) **oignon sec** 30 ml (2 c. à soupe)
PIQUANT	**cayenne** 10 ml (2 c. à thé) **poivre blanc** 7 ml (½ c. à soupe) **poivre noir** 10 ml (2 c. à thé)	**SALÉ**	**sel** 30 ml (2 c. à soupe)

POISSON NOIRCI CAJUN
(RECETTE TRADITIONNELLE)

SI LA TECHNIQUE PEUT SEMBLER compliquée, elle est en fait toute simple et très rapide. Vous pouvez remplacer le poisson par des escalopes de volaille ou de petites coupes de viande très minces. Le poisson peut aussi se préparer dans une poêle normalement chaude dans votre cuisine. Ce sera très bon, mais vous n'obtiendrez pas la merveilleuse croûte noircie (et la fumée) donnée par la chaleur d'une poêle incandescente.

700 g (1 ½ lb) filets *ou* escalopes de poisson ferme de 1 cm (½ po) d'épaisseur

125 ml (½ tasse) ghee (beurre clarifié *ou* huile de pépins de raisin)

40 ml (2 ½ c. à soupe) épices à noircir cajuns, moulues

CONSEILS IMPORTANTS AVANT DE COMMENCER
Ce type de cuisson génère une fumée si dense et si âcre qu'il faut être dehors, sur un poêle de camping (voir p. 21) ; de plus :

- servez-vous d'une poêle en fonte. Il n'y a pas de substitut ;
- utilisez du beurre clarifié ou de l'huile de pépins de raisin. Ce sont les seuls gras qui peuvent supporter une chaleur aussi intense ;
- assurez-vous que les aliments à cuire sont minces (1 cm ou ¹/₂ po) et à la température ambiante, sinon les épices brûleront avant que la chair soit cuite ;

- essuyez la poêle avec un vieux torchon propre tenu avec des pinces de cuisine entre chaque cuisson afin d'enlever les épices et le gras brûlé. Attention, le torchon pourrait s'enflammer !
- laissez la poêle réchauffer 30 secondes entre chaque cuisson ;
- prenez garde de ne pas vous brûler : la poignée de la poêle sera très chaude.

1. Éponger le poisson avec un papier absorbant. Laisser reposer 15 minutes à la température de la pièce.
2. Entre-temps, placer une poêle en fonte sur un brûleur à l'extérieur et la chauffer à feu très vif.
3. Quand la poêle est très chaude (10 minutes), brosser généreusement un côté des filets de poisson avec le beurre clarifié fondu (ghee) et saupoudrer d'épices. Répéter de l'autre côté.
4. Déposer les filets dans la poêle et cuire 90 secondes. Retourner le poisson avec une spatule et verser 5 ml (1 c. à thé) de ghee fondu sur chaque filet. Cuire 1 minute de plus. Retirer de la poêle et servir avec du beurre clarifié fondu.

CÔTELETTES DE PORC CAJUNS, AÏOLI À LA GOYAVE

4 côtelettes de porc
de 1 cm (½ po) d'épaisseur

40 ml (8 c. à thé) épices
à noircir cajuns, moulues

AÏOLI

150 g (5 oz) pâte de goyave
ou pâte de coing

4 gousses d'ail

sel au goût

1 jet de sauce piment

30 ml (2 c. à soupe) jus de lime

85 ml (⅓ tasse) huile d'olive
extra-vierge

LES ÉPICES À NOIRCIR créent également une délicieuse croûte sur les aliments grillés, car elles contiennent du sel ; une règle à respecter pour réussir ce genre de recette. L'aïoli à la goyave sucrée produit un beau contraste avec la croûte salée et piquante. En bonus, cette mayonnaise se conserve sans danger plusieurs mois au frigo, car elle ne contient pas d'œufs.

1. Préparer d'abord l'aïoli. Dans un petit robot culinaire, mettre la pâte de goyave en petits cubes avec l'ail, le sel, le piment et le jus de lime et réduire en purée lisse.
2. Monter l'aïoli en incorporant l'huile en filet à haute vitesse. Réserver.
3. Chauffer le gril à feu vif. Frotter les épices des deux côtés des côtelettes. Griller 2 minutes de chaque côté. Servir avec l'aïoli à la goyave.

LÉGUMES NOIRCIS AU FOUR DE SYLVIANE

NOTRE AMIE SYLVIANE est une cuisinière fantastique, mais, comme nous tous, elle oublie parfois les choses dans le four. Un jour, elle nous a servi avec des excuses des légumes délicieux, bien rôtis… avec les petits bouts brûlés. L'effet de caramélisation était dû aux sucres naturels des légumes bien frais et au fait qu'ils avaient dégorgé dans les épices salées pendant deux heures avant d'être rôtis.

1. Bien nettoyer les carottes sans les peler. Couper le fenouil et le panais en morceaux de la même taille que les carottes.
2. Placer les légumes dans un bol avec les épices et l'huile. Mélanger pour enrober les légumes également. Laisser reposer 2 heures avant de disposer sur une plaque.
3. Préchauffer le four à 185 °C (375 °F). Cuire 30 minutes avant de retourner les légumes. Puis vérifier toutes les 10 minutes afin d'avoir des légumes caramélisés au goût souhaité, car le temps de cuisson peut varier.

1 botte de petites carottes fraîches, en feuilles

1 gros bulbe de fenouil, en feuilles

1 gros panais

15 ml (1 c. à soupe) épices à noircir cajuns, moulues

45 ml (3 c. à soupe) huile d'olive

CHEF PAUL

IL Y A QUELQUES ANNÉES, le SIAL (Salon international de l'alimentation) de Montréal ouvrait ses portes aux professionnels de l'industrie alimentaire nord-américaine. Une nouvelle qui, d'ordinaire, ne nous aurait fait ni chaud ni froid n'eût été la venue de Paul Prudhomme, chef légendaire de La Nouvelle-Orléans.

Dès son arrivée sur la scène culinaire américaine, ce chef s'était démarqué des étoiles culinaires de l'époque, en majorité européennes et, disons-le, plutôt condescendantes. Paul Prudhomme avait conservé la modestie et l'honnêteté de la famille de fermiers cajuns qui l'avait vu grandir. Il n'avait fréquenté aucune prestigieuse école de cuisine mais avait plutôt appris à cuisiner à la maison, avec sa mère.

Les recettes familiales qu'il servait au K-Paul's Louisiana Kitchen, son célèbre restaurant de La Nouvelle-Orléans, étaient d'une simplicité et d'une authenticité désarmantes. Composés des ingrédients les plus frais qui soient, ses plats étaient calqués sur ceux qu'il préparait, plus jeune, avec sa maman, pour nourrir une famille de treize enfants dont il était le cadet.

Pour ceux d'entre nous qui ne sont pas du bayou, le fait de « noircir » un poisson couvert de sel et d'épices avec du beurre clarifié dans une poêle en fonte brûlante tenait de la révolution culinaire. Le chef Paul, en inventant cette technique, réussit à lui seul à braquer l'attention du monde sur la cuisine cajun.

Avec un peu de chance, nous aurions l'occasion de rencontrer ce génie et de lui témoigner notre admiration et notre gratitude d'avoir présenté au monde entier son style de cuisine novateur.

Sa présence au SIAL était l'occasion de promouvoir sa gamme de mélanges d'épices et de sauces piquantes. Nous pensions que ce serait une bonne idée d'apporter les exemplaires de ses livres que nous possédions pour les faire dédicacer. Nous nous imaginions déjà discuter avec le grand homme durant des heures, devant d'autres admirateurs qu'il jugerait moins intéressants, et lui insistant pour que nous l'appelions « Paul ». Quelle naïveté !

Pour que notre plan fonctionne, nous avions organisé notre excursion avec une précision militaire. Notre stratégie : arriver trente minutes avant la présentation du chef pour être parmi les premiers d'une longue file de groupies.

Premiers arrivés, nous nous sommes retrouvés en tête d'une file encore inexistante, bien fiers de notre intuition et de notre plan infaillible. À l'heure prévue,

Chef Paul Prudhomme

nous étions toujours seuls… Manifestement, quelque chose clochait. Et quelqu'un manquait à l'appel. Après vérification de l'horaire, avec plus d'attention cette fois, nous avons compris que notre débordement d'enthousiasme nous avait menés au bon endroit, mais malheureusement au mauvais moment.

Photo publiée avec l'autorisation de Paul Prudhomme
© Paul Prudhomme/Magic Seasoning Blends, LLC

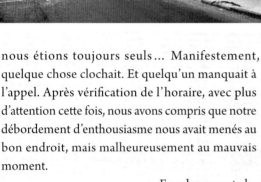

En rebroussant chemin, par un heureux hasard, un bruit derrière nous attira notre attention sur un Paul Prudhomme aminci, grisonnant et souriant, qui dirigeait lentement son fauteuil électrique dans le couloir. Philippe et moi, immobilisés par la surprise, lui bloquions le passage. Reprenant nos esprits, nous lui avons raconté notre mésaventure, ce qui parut l'amuser (même si nous l'empêchions toujours de circuler !). Il a même semblé réellement heureux de discuter avec nous pendant près d'une heure. De bonne grâce, il a signé nos livres, et sa dédicace la plus mémorable se traduirait ainsi : « À Philippe, bonne cuisine, bonne bouffe, belles amours… La qualité mène à tout. » Finalement, nous avons pu lui exprimer notre profonde admiration, dans une intimité beaucoup plus grande que nous n'aurions pu l'imaginer.

LE 8 POIVRES

MÉLANGE PIQUANT-AROMATIQUE

NOUS AVONS CRÉÉ CE MÉLANGE à la demande de nos clients. Contrairement aux mélanges de poivres disponibles qui sont généralement des kaléidoscopes de couleurs, notre mélange joue davantage sur un large éventail d'arômes. Il contient du quatre-épices et plusieurs poivres qui sont non seulement piquants mais également très parfumés, comme le rarissime poivre de Guinée.

On peut l'utiliser au moulin comme un poivre de table, mais également en bonne quantité pour aromatiser les recettes qui demandent du piquant.

PIQUANT		AROMATIQUE	
poivre noir 75 ml (5 c. à soupe)		**quatre-épices** 5 ml (1 c. à thé)	
poivre blanc 30 ml (2 c. à soupe)			
poivre long 30 ml (2 c. à soupe)			
cubèbe 15 ml (1 c. à soupe)			
poivre vert 60 ml (4 c. à soupe)			
poivre de Sichuan 2 ml (¹/₂ c. à thé)			
poivre de Guinée 5 ml (1 c. à thé)			
poivre voatsipérifery 5 ml (1 c. à thé)			

CANARD LAQUÉ AU 8 POIVRES

UN DES MILLE PLATS DE CANARD favoris d'Ethné. Cette recette, un peu longue mais très facile, ne demande pratiquement pas de travail. En bonus, la cuisson lente donne une bonne quantité de gras de canard bien clair que nous recommandons de conserver pour faire la cuisine ; des pommes de terre rissolées par exemple, qui sont toujours bonnes avec du canard.

4 cuisses de canard

20 ml (4 c. à thé) sel de mer

1 bulbe d'ail

1 morceau de gingembre de 2,5 cm (1 po)

125 ml (½ tasse) sirop érable

30 ml (2 c. à soupe) 8 poivres, concassé

45 ml (3 c. à soupe) vinaigre balsamique

15 ml (1 c. à soupe) sauce soya

1. Frotter les cuisses avec le sel. Les placer, côté peau, dans une casserole et chauffer à feu moyen doux. Couvrir et cuire 15 minutes.
2. Retirer le couvercle. Le canard devrait commencer à dorer et à rendre son gras. Retourner les cuisses. Ajouter le bulbe d'ail entier et le gingembre. Couvrir et cuire encore 15 minutes.
3. Retourner les cuisses toutes les 15-20 minutes. Ajuster le feu au besoin.
4. Quand les cuisses sont tendres (après 1 h-1 h 15 de cuisson), les déposer sur une assiette. Verser tout le gras dans un bol et réserver pour un autre usage.
5. Augmenter la chaleur à feu vif et verser le sirop d'érable et le 8 poivres concassé dans la casserole. Réduire le sirop jusqu'à ce qu'il écume fortement et commence à caraméliser. Ajouter le vinaigre et la sauce soya en faisant attention aux éclaboussures. Baisser le feu et remettre les cuisses de canard dans la marmite en les retournant régulièrement pour les couvrir de caramel épicé. Servir.

SALADE DE LA BEAUCE

2 endives

1 petite frisée niçoise

1 pomme, coupée en julienne

1 branche de céleri, tranchée

1 petite betterave jaune cuite,
coupée en julienne

120 g (4 oz) jambon fumé,
coupé en julienne

90 g (3 oz) vieux cheddar, râpé

4 échalotes vertes, émincées

90 ml (6 c. à soupe) pacanes

VINAIGRETTE

45 ml (3 c. à soupe) vinaigre de cidre

2 gousses d'ail, râpées

15 ml (1 c. à soupe) 8 poivres, moulu

5 ml (1 c. à thé) sel de mer

45 ml (3 c. à soupe) sirop d'érable

90 ml (6 c. à soupe) huile
de tournesol

CETTE SALADE HONORE le magnifique sirop d'érable de roches de la Beauce, où les érables ont la vie dure dans le sol très rocailleux de certaines érablières.

Une autre de nos créations du temps où nous étions traiteurs. Les endives et la laitue amère vont à merveille avec cette vinaigrette salée-sucrée-aromatique. Une salade-repas d'hiver qui fait aussi une belle entrée en tout temps.

1. Mettre le vinaigre, l'ail, le 8 poivres, le sel et le sirop d'érable dans un grand saladier. Bien mélanger et laisser reposer 2 minutes avant d'ajouter l'huile.
2. Défaire les endives et la frisée dans le saladier et ajouter les autres ingrédients. Bien mélanger et servir.

MANIAQUE AU CHOCOLAT AU 8 POIVRES

VOICI LE GÂTEAU LE PLUS POPULAIRE que nous avons créé à l'époque où nous étions traiteurs. Un dessert pour les gens qui assument leur « nature » chocolat.

75 ml (5 c. soupe) eau

150 ml (10 c. à soupe) sucre

180 ml (12 c. à soupe) beurre non salé, en cubes

250 g (½ lb) chocolat amer, concassé

10 ml (2 c. à thé) 8 poivres, moulu

4 œufs

1. Préchauffer le four à 160 °C (325 °F). Beurrer un moule de 20 cm (8 po) avec une bonne cuillerée de beurre. Chemiser le fond avec un cercle de papier sulfurisé ou bien utiliser un moule à manqué.

2. Verser l'eau et la moitié du sucre dans une casserole. Porter à ébullition et retirer du feu quand le sucre est dissous. Ajouter le beurre, le chocolat et mélanger jusqu'à ce que le tout soit fondu et lisse. Au besoin, si tout n'est pas complètement fondu, chauffer à feu très doux en mélangeant sans arrêt. Incorporer le poivre. Réserver.

3. Mettre les œufs et le sucre restant dans le bol d'un malaxeur et battre jusqu'à ce que le volume ait quintuplé (6-8 minutes).

4. Incorporer le chocolat fondu au mélange d'œufs avec une spatule. Verser dans le moule.

5. Cuire au four au bain-marie en ajoutant 2,5 cm (1 po) d'eau chaude. Retirer le gâteau quand il commence à gonfler au centre du moule (25-30 minutes). **Note :** un cure-dent piqué au centre ne ressortira pas propre de ce gâteau sans farine.

6. Laisser refroidir au moins 6 heures.

7. Couper le maniaque avec un couteau trempé dans l'eau chaude ou tout simplement à la cuillère.

Ethné et Alan

ALAN ET L'AMOUR FRATERNEL

AI TOUJOURS CONSIDÉRÉ ALAN comme un frère plutôt qu'un cousin, probablement du fait que nous avons grandi sous le même toit. L'amour fraternel qui nous lie semble, du reste, la seule explication possible à tout ce qu'il m'a fait subir durant mon enfance !

Honnêtement, je ne me suis pas inquiétée une seconde quand il m'a « choisie » comme souffre-douleur pour pratiquer son judo, surtout pour les prises qui nécessitaient de lancer un humain. « Tu es de la taille parfaite », disait-il. Quand il a placé un coussin sous ma tête après m'avoir suspendue par les talons aux poutres du garage, son geste m'a paru touchant. Et lorsqu'il a promis de m'attraper si je sautais de la fenêtre du deuxième – ce qu'il n'a bien sûr pas fait –, je me suis prêtée au jeu sans même imaginer combien cela pouvait être cruel. Entorse à la cheville, poignet fracturé et douleur au coccyx n'étaient pour moi que les conséquences fâcheuses de ce qui avait semblé, au départ, une excellente idée. Difficile aussi d'oublier l'épisode du fusil-harpon avec lequel nous nous exercions dans la cour (qui d'autre que mon cousin aurait pu avoir un fusil-harpon ?), qui s'est soldé par plusieurs visites chez le dentiste. Ma vie avec Alan, je le réalise maintenant, ressemblait à un véritable théâtre de variétés.

J'ai manifestement survécu à mon enfance et je suis devenue marchande d'épices. Pour tout ce qu'il m'avait fait endurer – même si j'étais souvent très volontaire –, Alan avait une grosse dette envers moi. Et comme il vit toujours à Trinidad, un jour j'ai eu l'idée de lui demander de m'envoyer quelques kilos de fèves de tonka, du laurier antillais et quelques sacs d'une variété de thym à grosses feuilles, typique des Caraïbes. Il m'a mentionné à ce moment qu'il avait un contact dans le nord de l'île où, depuis des siècles, on cultive le meilleur poivre de Guinée. Ironiquement,

nos ancêtres trinidadiens ne s'en servaient pas en cuisine, mais plutôt dans les rites vaudous qui prévalaient à l'époque.

J'ai jugé qu'un voyage de six heures sur les petits chemins sinueux de la Northern Range compenserait, du moins en partie, toutes les prises de judo qu'Alan m'avait imposées dans ma jeunesse. Avec un peu de chance, il trouverait l'homme qui disait détenir la crème de ces précieux « grains du paradis », comme on les appelle souvent.

C'est ainsi que le poivre de Guinée s'est retrouvé dans notre mélange de huit poivres et qu'il s'est joint aux trente épices qui composaient déjà notre version du ras-el-hanout, le mélange d'épices légendaire du Maroc, en l'améliorant considérablement.

Cette collaboration avec Alan a commencé de façon plutôt anodine. Il croyait sans doute que l'incursion de sa petite cousine dans le commerce des épices serait aussi courte que sa carrière d'acrobate-sautant-par-la-fenêtre ! Aujourd'hui, son rôle dans notre entreprise va au-delà du simple achat et de l'expédition d'épices locales, ce qui, à Trinidad, requiert une patience à toute épreuve et une écoute hors du commun. Les habitants de l'île, et j'en suis toujours un peu, sont des bavards impénitents qui racontent en boucle des histoires à n'en plus finir. Fort heureusement, ils possèdent également un humour loufoque qui sait déclencher des fous rires irrépressibles.

Après toutes ces années, les montagnes de la Northern Range sont toujours aussi fertiles, et Alan continue de dénicher d'excellents producteurs et des produits d'exception qui font le bonheur de nos clients. Il a investi son intelligence coutumière, son sens de l'aventure et toute sa loyauté dans ce qui est devenu une entreprise équitablement gratifiante, sans risque de blesser des participants, y compris moi, la petite cousine insouciante et « toujours prête » !

LES ÉPICES À CRETONS

MÉLANGE PARFUMÉ

ES MÉLANGES PARFUMÉS, tels que les épices à cretons, s'utilisent comme un parfum culinaire. Elles sont souvent seules, comme dans la recette de cretons, mais s'accordent très bien avec les épices amères ou douces. Tous les mélanges parfumés peuvent aussi s'ajouter à la fin de la cuisson pour donner une note aromatique au plat. Les trois recettes de ce chapitre démontrent toutes ces possibilités.

PIQUANT	**poivre blanc** 60 ml (4 c. à soupe)

AROMATIQUE	**clou de girofle** 15 ml (1 c. à soupe)
	cannelle 30 ml (2 c. à soupe)
	macis 30 ml (2 c. à soupe)

CRETONS
(RECETTE TRADITIONNELLE)

AUTREFOIS, LES CRETONS étaient une manière de conserver la viande pour l'hiver quand on tuait le cochon à l'automne. Pour cette raison, on préférait la viande grasse pour aider à la conservation de cette charcuterie maison. Aujourd'hui, on peut prendre une viande plus maigre si on le désire, mais il faut quand même une certaine quantité de gras pour que les cretons s'étalent bien sur le pain chaud.

1. Mettre tous les ingrédients dans une casserole et porter à ébullition en mélangeant sans arrêt.
2. Cuire mi-couvert à feu doux pendant 1 heure en remuant à l'occasion.
3. Verser dans un bol et laisser reposer au froid 24 heures. Servir avec du pain grillé et de la moutarde.

350 g (¾ lb) porc haché mi-maigre

250 ml (1 tasse) mie de pain de ménage en petits morceaux

250 ml (1 tasse) lait

250 ml (1 tasse) eau

2 oignons moyens, râpés

10 ml (2 c. à thé) sel

5 ml (1 c. à thé) épices à cretons, moulues

TAJINE DE BŒUF ET PRUNEAUX AUX ÉPICES À CRETONS

DIFFICILE D'IMAGINER deux plats aussi éloignés par la culture et la géographie qu'un tajine et des cretons. Pourtant, tous deux se font avec un mélange parfumé. Un exemple surprenant qui confirme la règle de substitution des mélanges.

1,35 kg (3 lb) rôti de palette,
en gros cubes

15 ml (1 c. à soupe) épices à cretons,
moulues

2 gros oignons, râpés

30 ml (2 c. à soupe) gingembre,
haché

90 ml (10 c. à soupe) beurre

30 ml (2 c. à soupe) paprika

15 ml (1 c. à soupe) sel

500 g (1 lb) pruneaux

60 ml (4 c. à soupe) miel foncé

GARNITURE

200 g (½ lb) amandes grillées

60 ml (4 c. à soupe) sésame
blanc grillé

1. Placer le bœuf et seulement 7,5 ml (½ c. à soupe) des épices à cretons dans un tajine ou une cocotte en fonte émaillée. Ajouter les oignons, le gingembre, le beurre, le paprika, le sel et un petit verre d'eau.
2. Déposer le tajine couvert sur un feu doux et laisser mitonner tranquillement 1 ½ heure.
3. Entre-temps, mettre les pruneaux dans un bol avec l'autre moitié des épices à cretons et couvrir d'eau tiède. Réserver.
4. Quand la viande est tendre, ajouter les pruneaux et le miel. Couvrir et laisser cuire 5 minutes de plus. Éteindre le feu et laisser reposer 15-30 minutes.
5. Garnir d'amandes et de sésame et servir.

PAIN AUX BANANES, AUX RAISINS ET AUX NOIX

LE PAIN AUX BANANES est habituellement relevé d'une seule épice aromatique comme la muscade ou la cannelle. Le « masala » à cretons ajoute du girofle et une note poivrée agréable. En fait, tous les mélanges parfumés épicent bien ce genre de pains sucrés ainsi que d'autres desserts.

1. Chauffer le four à 175 °C (350 °F).
2. Verser l'huile et le sucre dans un bol et bien mélanger avec une cuillère de bois.
3. Ajouter un ingrédient à la fois, dans l'ordre donné, en l'incorporant complètement à la cuillère avant de mettre le suivant.
4. Verser dans un moule rectangulaire beurré et fariné. Cuire 1 heure au four.

125 ml (½ tasse) huile végétale

180 ml (¾ tasses) sucre roux

1 œuf

3 bananes mûres, en purée

5 ml (1 c. à thé) épices à cretons, moulues

10 ml (2 c. à thé) extrait de vanille

60 ml (¼ tasse) yogourt *ou* kéfir

250 ml (1 tasse) raisins secs

250 ml (1 tasse) noix de Grenoble, concassées

1 pincée de sel

5 ml (1 c. à thé) poudre à pâte (levure chimique)

500 ml (2 tasses) farine, tamisée

Najeeb et Shihab

LES « JUMEAUX GIROFLE »

E VILLAGE DU KERALA où Najeeb et Shihab ont grandi et vivent toujours, dans le sud-ouest de l'Inde, se situe quelque part hors des sentiers battus. Nous avions donc convenu de les rencontrer sur la route principale d'une ville voisine, Erattupetta. À partir de là, ils nous emmèneraient à leur plantation de girofliers, et la partie officielle de la rencontre entre clients potentiels et producteurs débuterait.

Notre ami et marchand d'épices Sudheer avait insisté pour que nous rencontrions Najeeb et Shihab, car il adorait leurs clous de girofle, au point de les introduire dans son propre commerce d'épices. L'Inde n'est pas connue pour être un producteur exceptionnel de girofle, mais l'insistance pressante de Sudheer nous força à nous y intéresser. Najeeb et Shihab étaient au rendez-vous, confortablement installés sur leurs motos. Leur pose de motard et leur beauté typique des films bollywoodiens contrastaient avec le sarong traditionnel du sud de l'Inde qu'ils portaient remonté jusqu'aux genoux. Pas très conventionnel, disons, pour des producteurs de girofle !

Au départ, je n'arrivais pas à distinguer les inséparables amis d'enfance. Shihab avait une moustache bien soignée et Najeeb, une petite mèche rebelle à la Superman sur le front (ou était-ce la mèche de Shihab et la moustache de Najeeb ?). Pour me simplifier la vie, je les ai surnommés les « jumeaux Girofle ».

Nous n'imaginions pas que notre visite créerait un tel bouleversement. Nous pensions boire un peu de thé, aller voir leurs girofliers et parler affaires. Or, hospitalité du Kerala oblige, nous avons été invités chez Shihab (ou Najeeb, je ne sais plus)… où nous avons rencontré toute sa famille. Nous n'aurions pas dû être surpris – même si nous l'avons été – lorsqu'ils ont insisté pour nous garder à déjeuner. Nous avons vite surmonté toute réticence en apprenant que du biryani était au menu.

Composé de plusieurs couches d'ingrédients qui font sa renommée, le biryani traditionnel à l'agneau est un plat noble, une pure merveille. Il regorge d'épices – gingembre, graines de pavot, coriandre, piments, garam masala et feuilles de cari – dans lesquelles mijote l'agneau. Cardamome, bâtons de cannelle et, bien sûr, clous de girofle sont réservés pour le riz. Les deux principaux ingrédients sont ensuite disposés en couches pour que les saveurs s'amalgament. Pour accompagner ce divin plat de riz, nos hôtes avaient disposé sur la

table un grand assortiment de condiments indiens, de la raïta au yogourt et des papadums bien croustillants.

Les femmes de la famille s'étaient visiblement surpassées, et nous étions comblés par ce plat qui rendait honneur aux saveurs du Kerala, trop gourmands pour refuser lorsqu'ils s'obstinaient à remplir nos assiettes. Ne voulant pas trop abuser de leur hospitalité, nous avons indiqué à Sudheer qu'il serait peut-être temps de partir, de peur que la visite de la plantation soit annulée. Sa réponse a été particulièrement évasive, contrairement à son habitude, et ce n'est que lorsque Najeeb (ou

Shihab ?) donna le signal du départ que nous avons pu prendre congé.

Toutefois, au lieu de nous diriger vers les girofliers, comme prévu, nous avons dévalé la colline et nous nous sommes arrêtés dans une autre maison très bien entretenue. Étant donné qu'on nous avait servi du biryani chez Najeeb (ou Shihab), nous allions à coup sûr

vers la maison de Shihab (ou de Najeeb) pour manger plus de biryani.

Nous n'avions pas le choix. Rassemblant notre courage et ce qu'il nous restait d'appétit, nous nous sommes efforcés d'avaler encore et encore de l'agneau et du riz, toujours savoureux et savamment épicés. Shihab et Najeeb, impressionnés par nos appétits, ont dit à Sudheer qu'ils n'arrivaient pas à déterminer lequel des « deux hommes », Ethné ou Philippe, était le plus gros mangeur. Malgré cela, ou grâce à cela, nous avons acheté leurs excellents clous de girofle.

LES ÉPICES DU YUNNAN

MÉLANGE PIQUANT-AROMATIQUE

U YUNNAN, CE MÉLANGE se trouve souvent moulu sur la table. Chacun peut alors se faire un bol de trempette en mélangeant ces épices avec une cuillerée de bouillon de soupe de légumes, servie à chaque repas familial. Ce mélange piquant-aromatique donne une saveur « sud de la Chine » à vos sautés et à vos grillades. Nos amis les Li s'en servent pour faire leurs charcuteries affinées. N'hésitez pas à l'utiliser à table comme un bon poivre aromatique et moyennement piquant.

PIQUANT　**piment du Yunnan** 250 ml
(1 tasse)
poivre de Sichuan 10 ml
(2 c. à thé)

AROMATIQUE　**cardamome noire de Chine** 15 ml
(1 c. à soupe)

POMMES DE TERRE SAUTÉES AU SÉSAME
(RECETTE TRADITIONELLE)

LES POMMES DE TERRE SAUTÉES sont une bouffe de rue très populaire au Yunnan. Elle nous a réconfortés un soir, au Yunnan, où l'altitude, la pluie et le froid nous avaient coupé l'appétit. Voici notre version (la dame ne voulait pas nous donner sa recette).

1. Couper les pommes de terre en rondelles. Les déposer dans un bol avec les graines de sésame et les épices. Mélanger délicatement en s'assurant que le sésame colle bien aux pommes de terre.
2. Chauffer un wok à feu moyen. Verser les ¾ de l'huile sur le pourtour du wok, puis ajouter les pommes de terre.
3. Les répartir également dans le fond et sur le bord du wok et laisser cuire jusqu'à ce qu'elles commencent à bien dorer (3-4 minutes). Retourner et continuer à cuire quelques minutes de plus. Retirer les pommes de terre quand le sésame est bien grillé.
4. Verser l'huile restante, les échalotes et l'ail. Cuire 15 secondes. Remettre les pommes de terre, aromatiser avec l'huile de sésame et mélanger pour bien infuser. Servir tout de suite avec un petit plat d'épices du Yunnan moulues en accompagnement.

1 l (4 tasses) pommes de terre cuites, refroidies

60 ml (4 c. à soupe) graines de sésame noires *et/ou* blanches

15 ml (1 c. à soupe) épices du Yunnan, moulues

60 ml (4 c. à soupe) huile d'arachide

4 échalotes vertes, hachées

2 gousses d'ail, hachées

un filet d'huile de sésame grillé

LE FILET DE TRUITE DE JANET ET PETER

4 filets de truite avec la peau de
150 g (6 oz) chacun

10 ml (2 c. à thé) épices du Yunnan,
moulues

sel au goût

20 ml (4 c. à thé) huile d'olive
ou beurre

vinaigre balsamique

NOS AMIS JANET ET PETER sont des enthousiastes de plein air qui aiment bien manger mais ne peuvent pas faire des recettes compliquées. En voici une que nous avons partagée un soir avec eux autour d'un feu de camp.

1. Placer chaque filet sur un carré de papier d'aluminium assez grand pour faire une papillote. Assaisonner avec les épices et le sel. Verser l'huile et bien sceller les papillotes.

2. Poser les papillotes sur les braises mourantes d'un feu de camp ou sur un gril bien chaud, ou encore dans un four à 240 °C (475 °F). Cuire jusqu'à ce que le poisson soit à point, 5 à 7 minutes selon la méthode choisie et l'épaisseur du filet (la vapeur s'échappera de la papillote).

3. Servir avec un filet de vinaigre balsamique.

STEAK DE YAK AUX ÉPICES DU YUNNAN

LA SAVEUR DU YAK* se situe entre le chevreuil, l'orignal et le bœuf, qui sont de bons substituts quand vous n'avez pas de yak. Au Sichuan et au Yunnan, c'est une viande courante et délicieuse, souvent utilisée dans les soupes avec de la cardamome noire chinoise et dans les sautés au wok avec du poivre et du piment fort local.

1. Verser la sauce soya et les épices dans une assiette. Retourner les steaks dans le mélange et laisser reposer 15 minutes à température ambiante.
2. Chauffer une poêle épaisse. Ajouter l'huile et cuire les steaks au goût en les retournant une seule fois.
3. Placer les steaks sur des assiettes et garnir d'un morceau de beurre et de ciboulette.

*   La viande de yak est disponible au Québec : www.bos-g.com

30 ml (2 c. à soupe) sauce soya

10 ml (2 c. à thé) épices du Yunnan, moulues

2 steaks de yak, *ou* chevreuil, *ou* bœuf

huile d'arachide *ou* ghee

GARNITURE

beurre

ciboulette *ou* fines herbes

La famille Li et la famille de Vienne

LE CLAN LI

EN CHINE, AUCUN ÉVÉNEMENT n'a plus d'importance que le Nouvel An lunaire. Pour en comprendre l'ampleur, on le décrit parfois en Occident comme un heureux mélange de Thanksgiving, de Noël et de Nouvel An.

En 2010, alors que l'année du Tigre commençait à peine, nous remontions la vallée de la rivière Nu avec notre fille Marika et Steve, notre gendre. Des rumeurs de mégaprojet hydroélectrique couraient dans la vallée, et, malgré la vue splendide que nous offrait la rivière, l'une des dernières de Chine à ne pas être entravée par un barrage, nous avions une certaine inquiétude face à ce changement possible.

Intrigués par les alentours, nous avons quitté la route principale pour découvrir un site d'une pureté écologique rare. Un peu plus loin, nous nous sommes retrouvés devant ce qui pouvait avoir l'air d'un potager où poussaient, entre autres choses, des plantes similaires au gingembre.

En jetant un coup d'œil aux collines avoisinantes, nous avons remarqué que des gens nous saluaient. Ou nous faisaient-ils des signes ? C'est ainsi que nous avons fait la connaissance des membres du clan Li, qui n'ont pas attendu pour nous inviter. C'était le Nouvel An chinois après tout, et il fallait bien célébrer nous aussi ! Il faut savoir que les étrangers sont généralement considérés comme des invités d'honneur, et ils contribuent, lors d'événements familiaux et culturels, à rehausser le prestige de leurs hôtes. Si, en plus de pouvoir festoyer avec une bande de Chinois, nous pouvions participer à l'ascension sociale de la famille Li dans la vallée, nous acceptions de nous sacrifier !

Les cochons noirs grognaient dans leur enclos, l'eau-de-vie « maison » de M. Li coulait à flots et les enfants étaient surexcités. Un jeune faisait griller de délicieux cubes de porc et, lorsqu'ils étaient cuits à point, les présentait aux invités. L'année s'annonçait bonne, en effet !

Après de nombreux *gan-bei* (cul-sec) et d'aussi nombreuses rasades d'alcool maison – mal de tête assuré –, nous avons accompagné les femmes à la cuisine, Steve et Marika nous servant d'interprètes. Le bok choy, frais du jardin, était déjà mis à bouillir et on grillait des piments forts dans un wok énorme, avant d'y faire sauter d'autres légumes. L'INCROYABLE jambon maison, suspendu aux poutres du plafond, séché depuis plus de trois ans, valait à lui seul le voyage en Chine. Un mélange de piment, de cardamome noire et de poivre de Sichuan trônait au centre de la table, et chacun assaisonnait les plats à sa guise.

À ce moment, nous avons compris que les plants que nous avions pris pour du gingembre étaient en fait de la cardamome, d'une variété que nous n'avions jamais vue. Les gousses, de la taille de noix de muscade, montraient une enveloppe charnue et brunâtre ; une fois moulues, elles dégageaient un parfum riche et poivré. La cardamome, comme les hommes, existe sous de multiples formes, grosseurs et couleurs, et la variété de la vallée Nu était, à juste titre, exceptionnelle.

Qui eût dit que la vallée de la rivière Nu recelait un tel trésor de cardamome ? Le clan Li pourrait-il nous en assurer l'approvisionnement ? Qu'arriverait-il si la construction du barrage les forçait à quitter leurs terres ? Autant de questions qui nous tracassaient alors que nous les remerciions, juste avant de partir.

Aujourd'hui, les membres de la famille Li cultivent encore la cardamome dans leur magnifique vallée, comme leurs aînés l'ont fait des décennies durant. Grâce à Marika et à Steve – nos interprètes, organisateurs et négociateurs –, nous recevons chaque année la crème de leur récolte de cardamome noire. Le barrage n'a finalement jamais été construit, et les Li habitent toujours leur maison. Celle-là même où les étrangers sont les bienvenus et, il y a fort à parier, où l'on trinque fort, ces jours-ci, à l'année du Serpent qui débute.

Au moment d'aller sous presse, le monde a appris que le gouvernement chinois avait renversé sa décision et autorisé la construction de cinq barrages sur la rivière Nu.

LE MÉLANGE DE LA ROUTE DE LA SOIE

MÉLANGE PARFUMÉ-DOUX

RIEN NE NOUS AVAIT PRÉPARÉS à tomber sur ce mélange dans le grand marché de Kashgar, au Xinjiang. Les livres de cuisine et de voyage parlaient d'une cuisine fade, relevée seulement d'un peu de cumin. La réalité ne pouvait être plus différente. En fait, on n'aurait pas dû être surpris, car Kashgar est au carrefour des caravanes d'épices qui venaient autrefois de l'Inde et de l'ancienne route de la soie entre la Perse et la Chine.

Les trois recettes de ce chapitre démontrent et expliquent bien les possibilités des épices de la route de la soie ainsi que les mélanges parfumés-doux en général.

PIQUANT	**poivre blanc** 10 ml (2 c. à thé)
	poivre long 7 ml (¹/₂ c. à soupe)
	gingembre 15 ml (1 c. à soupe)
	poivre de Sichuan 3 ml (¹/₂ c. à thé)
DOUX	**fenouil** 25 ml (5 c. à thé)

AROMATIQUE	**casse** 15 ml (1 c. à soupe)
	boutons de casse 5 ml (1 c. à thé)
	cardamome verte 10 ml (2 c. à thé)
	cardamome chinoise blanche 5 ml (1 c. à thé)
	boutons de rose 45 ml (3 c. à soupe)
	1 **anis étoilé**
	3 **clous de girofle**
	safran ¹/₄ g (facultatif)

POULET DAPANJI
(RECETTE TRADITIONNELLE)

LA PETITE HISTOIRE RACONTE que ce poulet a été créé pour les camionneurs qui arrivaient à toute heure dans les oasis dispersées de la route de la soie. La traduction littérale de « dapanji » est poulet-grand plat. Servi sur des nouilles ou du pain naan pour absorber toute la sauce : de quoi satisfaire n'importe quel routier affamé. Depuis, la recette a gagné tout le Xinjiang et même la Chine des Hans.

D'autres épices sont souvent ajoutées au mélange de la route de la soie. En fait, on peut généraliser comme suit : mélange parfumé-doux + épices amères = mélange passe-partout.

1 poulet moyen, coupé en morceaux avec os de 4 cm (1 ½ po)

15 ml (1 c. à soupe) épices de la route de la soie, moulues

15 ml (1 c. à soupe) cumin entier

5 échalotes vertes

2 grosses pommes de terre

2 carottes moyennes

1 piment rouge doux

1 tomate ferme

45 ml (3 c. à soupe) huile végétale

5 piments forts, entiers

3 gousses d'ail, hachées

30 ml (2 c. à soupe) gingembre, haché

325 ml (1 ¼ tasse) bière *ou* eau

45 ml (3 c. à soupe) sauce soya

15 ml (1 c. à soupe) sucre

sel au goût

pain naan *ou* nouilles chinoises cuites

coriandre fraîche

1. Assaisonner le poulet avec les épices moulues et le cumin. Réserver.
2. Couper le blanc des échalotes en section de 2 cm (1 po) et réserver le vert. Couper les pommes de terre, les carottes, le piment doux et la tomate en cubes de 2,5 cm (1 po). Réserver.
3. Chauffer un grand wok ou une casserole à feu vif. Y verser l'huile et les piments secs. Cuire jusqu'à ce que les piments roussissent (5-10 secondes). Ajouter le poulet assaisonné, les pommes de terre, l'ail et le gingembre et bien mélanger.
4. Faire sauter le poulet jusqu'à ce qu'il commence à dorer (7-8 minutes). Ajouter les légumes restants et bien mélanger. Verser la bière, la sauce soya, le sucre et le sel. Faire bouillir et réduire à feu moyen. Cuire jusqu'à ce que les pommes de terre soient cuites (6-7 minutes).
5. Placer le pain naan coupé en pointes ou les nouilles cuites dans un grand plat creux. Verser le mélange de poulet dessus. Garnir de vert d'échalotes ciselé et de coriandre fraîche.

CLAFOUTIS DE CERISES PARFUMÉ

1 l (4 tasses) cerises, dénoyautées

5 ml (1 c. à thé) épices de la route de la soie, moulues

30 ml (2 c. à soupe) rhum

125 ml (½ tasse) farine tout usage

2 œufs

1 jaune d'œuf

45 ml (3 c. à soupe) beurre, fondu

1 pincée de sel

75 ml (5 c. à soupe) sucre

190 ml (¾ tasse) lait

10 ml (2 c. à thé) extrait de vanille

farine et beurre pour le moule

LA SÉLECTION D'ÉPICES que l'on utilise habituellement pour la confection de desserts est assez limitée. Pourtant, cette recette montre bien l'affinité des mélanges parfumés-doux pour la cuisine sucrée.

1. Préchauffer le four à 215 °C (425 °F).
2. Dans un bol, mélanger les cerises avec les épices et le rhum. Réserver.
3. Tamiser la farine dans un autre bol. Ajouter les œufs, le jaune d'œuf, le beurre fondu, le sel et le sucre. Incorporer le tout lentement au fouet, jusqu'à ce que le mélange soit homogène.
4. Ajouter le lait et la vanille. Mélanger jusqu'à ce que la pâte soit bien lisse. Réserver.
5. Beurrer et fariner un moule de 30 cm (12 po). Verser les cerises et leur jus dans le moule et verser doucement la pâte dessus.
6. Cuire au four jusqu'à ce que le clafoutis soit bien gonflé et les cerises cuites (25-30 minutes). Servir tiède ou froid.

CAILLES CROUSTILLANTES ROUTE DE LA SOIE

À MANGER AVEC SES DOIGTS. Cette recette se fait aussi bien avec des petits poulets ; évidemment, le temps de cuisson sera plus long. En règle générale, les mélanges parfumés-doux se prêtent bien aux viandes sucrées-salées et aux aigres-doux.

1. Mélanger les épices, le poivre, le gingembre, les échalotes, la moitié du vin et de la sauce soya et y laisser mariner les cailles pendant 1 heure.
2. Placer les cailles dans une casserole suffisamment grande pour qu'elles ne soient pas trop serrées. Verser la marinade dessus, puis le reste de la sauce soya et du vin. Ajouter le sucre, le sel et l'eau.
3. Porter à ébullition. Couvrir et cuire à feu très doux pendant 10 minutes.
4. Retirer du feu. Retourner les cailles dans leur jus et laisser reposer 30 minutes (ou plus longtemps, si on le désire), à découvert.
5. Bien égoutter les cailles (20-30 minutes) et préparer la trempette en faisant réduire le jus de cuisson de moitié. Retirer du feu. Incorporer l'huile de sésame. Réserver.
6. Chauffer l'huile à frire dans un wok. Quand l'huile est chaude (une baguette de bois plongée dans l'huile produira des bulles), frire 3 cailles à la fois jusqu'à ce qu'elles soient bien colorées et croustillantes (2-3 minutes).
7. Servir les cailles bien chaudes avec la sauce.

15 ml (1 c. à soupe) épices de la route de la soie, moulues

5 ml (1 c. à thé) poivre blanc, moulu

30 ml (2 c. à soupe) gingembre, haché

2 échalotes vertes en sections de 5 cm (2 po)

60 ml (4 c. à soupe) vin de riz *ou* xérès

45 ml (3 c. à soupe) sauce soya claire

6 grosses cailles

45 ml (3 c. à soupe) sucre

sel au goût

45 ml (3 c. à soupe) d'eau

5 ml (1 c. à thé) huile de sésame

huile pour la friture

Nelli et sa mère

LE MÉLANGE D'ÉPICES
DE LA ROUTE DE LA SOIE

OTRE VOYAGE À KACHGAR, dans le nord-ouest de la Chine, aux abords du Tadjikistan et du Kirghizstan, était l'un des premiers dans lequel la chasse aux épices ne figurait pas au programme. Après une saison par moments ardue à Montréal, nous avions décidé de nous offrir ce que les gens appellent généralement des vacances. Un peu de repos, juste assez de dépaysement ainsi qu'une bonne dose de notre fille – qui habitait alors dans la République populaire et qui nous manquait énormément –, cela nous paraissait comme la recette parfaite pour décrocher.

Le peu d'information que nous avions sur la région autonome du Xinjiang, terre des Ouïghours, décrivait une cuisine musulmane locale plutôt fade, sans aucune allusion aux épices. Nous avions donc choisi de nous consacrer à la découverte de la route de la soie, autrefois empruntée par les marchands pour contourner le désert de Taklamakan avant d'atteindre les villes oasis telles que Kachgar.

Malgré notre volonté de mettre un peu les épices de côté, nous avons inauguré notre séjour à Kachgar en demandant à Nelli, le réceptionniste de l'hôtel, de bien vouloir nous indiquer la route du marché local (déformation professionnelle, je suppose !), ce qu'il fit en spécifiant qu'il se ferait un plaisir, si nécessaire, de nous servir d'interprète.

À notre grande surprise, le premier étal du marché en vue était exclusivement dédié à la vente d'épices des quatre coins d'Asie. Il nous fallut peu de temps pour réaliser que cette ville se trouvait au croisement du Moyen-Orient, de l'Inde, de la Chine, de l'Iran, de la Russie et même de la Grèce – et qu'elle était un carrefour non seulement d'art, de culture et de textiles, mais aussi d'une impressionnante variété d'épices. Grâce au mandarin alors encore sommaire de Marika, en pointant

du doigt et, il faut le dire, à force de grands signes de tête, le vendeur ouïghour finit par comprendre notre enthousiasme ; c'est ainsi qu'il nous présenta rien de moins que LE mélange d'épices. Une question demeurait toutefois : qu'est-ce que ces Ouïghours pouvaient bien faire avec LE mélange d'épices ?

De retour à l'hôtel, nous avons bombardé Nelli de questions. Visiblement étourdi par tant d'interrogations (sur les épices, vraiment ?), il nous a proposé d'aller chez lui pour en discuter avec sa mère. Inutile de dire combien nous étions ravis de l'invitation.

Nous sommes repartis avec lui sur les chemins poussiéreux du désert de Kachgar, et, en peu de temps, nous nous sommes retrouvés face à un très haut mur de briques d'argile percé d'une petite porte. Un pas suffisait pour pénétrer dans cette enceinte, où quatre ou cinq pièces étaient organisées autour d'un puits et d'un bassin à poissons, tous deux recouverts de treillis sur lesquels s'entrelaçaient des vignes, alourdies de généreuses grappes de raisin du Xinjiang.

Chaleureusement accueillis par tout le clan, nous avons été invités au salon. Au milieu des coussins et des tapis colorés trônait une énorme table basse sur laquelle nous attendaient des fruits frais, des sucreries et, bien entendu, une théière chaude, à la fois symbole de l'ambiance festive qui régnait dans la maisonnée et caractéristique de l'hospitalité musulmane.

Philippe a été convié à la cuisine pour regarder cuisiner la mère de notre hôte et sa sœur ; il est revenu avec une recette de nouilles étirées à la main et une autre d'agneau, toutes deux parfumées avec le fameux mélange d'épices. Comme à l'habitude, Philippe les a troquées contre quelques-uns de nos mélanges personnels, tout en réussissant à communiquer certains de ses secrets culinaires, ce qui a semblé charmer ces dames, sans manquer de les amuser.

Confortablement installées au salon, Marika et moi avons pu, pour une fois, profiter du moment pour fraterniser avec la gent masculine. Par contre, notre pauvre Nelli semblait un peu embarrassé, à en juger par le ton de sa voix et, plus encore, par l'expression sur le visage des hommes les plus âgés du clan. La constitution de notre famille les laissait perplexes. Ils avaient compris que l'homme blanc et la fille brune pouvaient être apparentés. Mais que « l'homme » noir (eh oui ! moi, avec mes cheveux rasés) ait pu donner naissance à la fille brune ? Vraiment ? Nelli nous confia plus tard que ses aînés, le jugeant trop jeune et impressionnable, et eux s'estimant surtout plus sages et avertis, n'avaient pas cru un mot de sa version.

LE CINQ-ÉPICES CHINOIS

MÉLANGE PARFUMÉ-DOUX

OMME BIEN DES MÉLANGES ANCIENS, le cinq-épices chinois était probablement prescrit par les herboristes pour équilibrer le yin et le yang de leurs patients. La composition peut varier et contenir six ou même sept épices, mais on l'appelle toujours le cinq-épices, probablement en raison de l'amour des Chinois pour les systèmes numériques. Ces épices équilibrent les cinq goûts chinois (salé, sucré, amer, acide et piquant) et rappellent aussi les cinq éléments (terre, feu, bois, métal et eau).

Ce mélange parfumé-doux très aromatique convient bien aux plats chinois salés-sucrés comme les viandes braisées à la sauce soya et au sucre ou bien le canard laqué, ou encore l'agneau aigre-doux. En fait, il convient à toutes les viandes à saveur forte comme les gibiers. De manière moins traditionnelle, le cinq-épices chinois se marie bien à d'autres ingrédients doux comme les fruits acides et sucrés, le vinaigre balsamique et la crème.

PIQUANT poivre de Sichuan 30 ml
(2 c. à soupe)

DOUX fenouil 30 ml (2 c. à soupe)

AROMATIQUE anis étoilé concassé 30 ml
(2 c. à soupe)
fleur de casse 30 ml (2 c. à soupe)
clou de girofle 15 ml (1 c. à soupe)

FILET DE PORC AU CINQ-ÉPICES

CE PLAT RAPIDE REPRODUIT les saveurs du porc braisé chinois*, qui nécessite plusieurs heures de cuisson. Comme pour tous les sautés au wok, il est important de couper la viande en tranches de même épaisseur pour assurer une cuisson parfaite.

1. Couper le filet en tranches de 5 mm (¼ de po) et mélanger avec la marinade dans un bol. Laisser reposer 15 minutes.
2. Entre-temps, séparer le vert et le blanc des échalotes. Couper le blanc en sections de 2,5 cm (1 po) de long. Réserver les feuilles vertes.
3. Chauffer un wok à feu vif. Y verser l'huile et ajouter les blancs d'échalotes. Faire sauter 15 secondes. Ajouter la viande et cuire en remuant avec la pelle à wok jusqu'à ce que la viande soit cuite et encore juteuse (1 ½-2 minutes). Versez la sauce soya. Bien mélanger et verser dans un plat de service. Garnir du vert de l'échalote ciselé.

* Pour la recette de porc braisé au soya : epicesdecru.com

250 g (½ lb) de filet de porc

3 échalotes vertes

30 ml (2 c. à soupe) huile d'arachide

10 ml (2 c. à thé) sauce soya claire

MARINADE

30 ml (2 c. à soupe) sauce hoisin

15 ml (1 c. à soupe) vin de riz chinois **ou** de gin

10 ml (2 c. à thé) vinaigre de riz

7,5 ml (1 ½ c. à thé) sauce soya claire

5 ml (1 c. à thé) sucre

5 ml (1 c. à thé) gingembre, râpé

2 gousses d'ail, hachées fin

2,5 ml (½ c. à thé) cinq-épices chinois, moulu

quelques gouttes d'huile de sésame grillé

1 pincée de sel

GRATIN DE PATATES AU CINQ-ÉPICES

LE CINQ-ÉPICES AROMATIQUE remplace admirablement bien la muscade (une épice aromatique) dans ce classique revisité. Ce gratin est assez substantiel pour en faire le centre d'un repas végétarien, mais il peut aussi bien accompagner un rôti.

Si vous ne trouvez pas de patates douces blanches, utilisez alors des pommes de terre. N'oubliez pas de saler un peu plus que d'habitude pour équilibrer le sucré des patates.

½ gousse d'ail

60 ml (4 c. à soupe) beurre mou

450 g (1 lb) patates douces à chair blanche, épluchées et tranchées finement

450 g (1 lb) patates douces à chair orange, épluchées et tranchées finement

sel au goût

10 ml (2 c. à thé) cinq-épices chinois, moulu

375 ml (1½ tasse) crème épaisse 35 %

125 ml (½ tasse) lait

1. Frotter vigoureusement le fond d'un plat à gratin de 20 × 30 cm (8 po × 12 po) avec la demi-gousse d'ail. Étaler la moitié du beurre dans le plat.
2. Placer une couche de patates dans le plat, assaisonner avec du sel et un peu d'épices.
3. Répéter jusqu'à ce que toutes les patates tranchées soient placées.
4. Entre-temps, faire bouillir la crème et le lait. Verser sur les patates et répartir le beurre restant dessus.
5. Cuire 15 minutes au four préchauffé à 200 °C (400 °F), puis réduire la température à 160 °C (325 °F) et cuire jusqu'à ce que les patates soient cuites et la crème bien onctueuse (25-30 minutes de plus). Au besoin, vérifier avec la pointe d'un couteau si les patates sont cuites.
6. Sortir du four et laisser reposer au moins une dizaine de minutes avant de servir.

TARTE AUX POMMES AU CINQ-ÉPICES

LES ÉPICES CHINOISES DANS LA TARTE aux pommes peuvent étonner. Mais ce mélange équilibre bien les aigres-doux, et les épices aromatiques sont souvent ajoutées aux pommes. Le poivre de Sichuan donne aussi une pointe de piquant et une note citronnée intéressante. En fait, le cinq-épices va très bien avec les fruits acides, particulièrement les sauces aux fruits qui accompagnent les viandes. Choisissez des pommes savoureuses et ajustez la quantité de sucre selon leur acidité.

2 abaisses de tarte

900 g (2 lb) pommes

45 ml (3 c. à soupe) sucre

5 ml (1 c. à thé) cinq-épices chinois, moulu

1 œuf

15 ml (1 c. à soupe) lait

1. Chemiser un moule à tarte de 23 cm (9 po) avec la première abaisse. Réfrigérer.
2. Peler et couper les pommes en quatre et enlever le cœur. Trancher les quartiers en lamelles.
3. Placer les pommes dans un bol avec le sucre et les épices. Mélanger et goûter. Ajouter du sucre au besoin. Mettre les pommes dans le moule.
4. Battre l'œuf et le lait avec une fourchette dans un petit bol. Brosser le pourtour de la tarte avec un pinceau avec ce mélange et y poser l'autre abaisse. Appuyer le rebord avec la fourchette pour bien sceller la tarte. Brosser le dessus de la tarte avec l'œuf battu et faire une entaille décorative au centre de la croûte.
5. Cuire au four préchauffé à 200 °C (400 °F) pendant 25 minutes, puis réduire à 175 °C (350 °F) 15 minutes de plus.
6. Retirer du four et servir tiède avec de la crème glacée ou de la crème fraîche.

Angela et Djarga

LA FEMME DU GARDIEN DE YACKS OU XIE XIE POUR TOUT

NOUS EXPLORIONS UNE PETITE VILLE du Sichuan, à la recherche de poivre du même nom, notre dernière obsession du moment. En règle générale, les Chinois nous ignorent, même si quelques-uns pointent parfois du doigt notre couple atypique, désireux d'immortaliser cette rare combinaison en photo ou éprouvant une envie irrépressible de parler anglais. Nous avons donc été étonnés lorsqu'un jeune homme nous a remis un dépliant après avoir délibérément évité les autres passants. Comme il ne nous avait pas pointés du doigt et que pratiquer l'anglais ou faire une séance de photos semblait être le dernier de ses soucis, cette attention nous a laissés quelque peu perplexes.

Pour avoir tous deux beaucoup voyagé, nous savions que la maîtrise de langues autres que la nôtre facilitait l'intégration ainsi que la compréhension de certains traits culturels. Toutefois, nous étions inquiets à l'idée que, dans le cas de la culture chinoise, cela ne soit pas possible, car, sans interprète, nous ne pouvions dire que « *Ni hao* » et « *Xie xie* ». Vous ne pouvez prononcer « Bonjour » et « Merci » qu'un certain nombre de fois avant que les gens commencent à se demander si vous êtes carrément idiot ou, pire, un idiot extrêmement poli et énervant.

Heureusement pour nous, la publicité était rédigée en anglais. Nous étions « cordialement invités à visiter une exposition d'art et d'artisanat tibétains ». Sur le bout de papier figuraient un numéro de téléphone et la promesse que « quelqu'un viendrait à notre rencontre et nous y accompagnerait ». Nous avons manifesté notre intérêt au jeune homme, qui passa vite un coup de fil et, en quelques secondes, nous parlions avec Angela pour fixer un rendez-vous.

Très heureux d'avoir l'occasion de mieux connaître la culture tibétaine, surtout avec quelqu'un qui vivait dans le coin et qui parlait l'anglais, nous avons reporté

notre recherche de poivre. Angela est née aux États-Unis et elle vit en Chine depuis 2001 ; elle maîtrise le mandarin et le tibétain aussi bien que l'anglais. Mariée à Djarga Mira, éleveur tibétain de yacks de Lhagang, elle côtoie la culture tradition-nelle et profite d'une intimité enviable avec les nomades des hauts plateaux.

Nous avons rapidement apprécié la compagnie d'An-gela et nous avons accepté de la suivre à l'exposition, qui, par bon-heur, avait lieu dans son apparte-ment. Elle nous a expliqué qu'elle avait tout récemment commencé

Sonam Tsomo

à explorer la possibilité de gagner sa vie avec la vente d'objets artisanaux tibétains aux touristes. Nous étions parmi ses premiers clients.

À notre tour, nous lui avons fait part de notre quête du poivre de Sichuan, plus particulièrement de celui (selon la légende !) autrefois réservé à l'empereur de Chine. Grâce à la recherche et à la rencontre de nom-breux artisans locaux, Angela connaissait très bien les environs. Après quelques appels, elle nous a dit qu'elle

avait de bonnes pistes pour trouver ce fameux poivre capable d'engourdir la bouche entière. Mieux encore, elle allait nous y accompagner.

L'ami d'un ami qui connaissait un fermier d'un 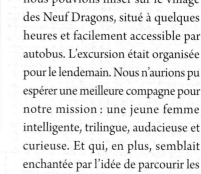 autre village avait informé Angela que nous pouvions miser sur le village des Neuf Dragons, situé à quelques heures et facilement accessible par autobus. L'excursion était organisée pour le lendemain. Nous n'aurions pu espérer une meilleure compagne pour notre mission : une jeune femme intelligente, trilingue, audacieuse et curieuse. Et qui, en plus, semblait enchantée par l'idée de parcourir les petites routes du Sichuan à la recherche de poivre impé-rial avec deux quasi-inconnus. *Ni hao*, Angela !

Angela, qui vit toujours son rêve avec Djarga, est maintenant copropriétaire de la Khampa Nomad Arts Cooperative (Coopérative des arts des nomades Khampa). Elle nous envoie toujours le meilleur poivre impérial du Sichuan, aujourd'hui secondée efficace-ment par une jeune native du pays, sa fille, Sonam Tsomo. Angela, Djarga et Sonam, *xie xie* pour tout.

LES ÉPICES DES MILLE ET UNE NUITS

MÉLANGE SPÉCIALISÉ

C E MÉLANGE EST INSPIRÉ PAR la cuisine arabe du Moyen Âge. Il existe de nombreux manuscrits de cuisine, souvent commandités par la noblesse, qui décrivent des centaines de plats de l'époque. Ces livres sont davantage des aide-mémoire que des recueils de recettes précises, ce qui laisse beaucoup de place à l'imagination du lecteur.

Néanmoins, certaines combinaisons d'épices reviennent régulièrement, comme la cannelle, le poivre, le gingembre, la coriandre et le sumac acide. Beaucoup d'épices presque oubliées, même au Moyen-Orient d'aujourd'hui, étaient utilisées fréquemment à cette époque, comme le mastic, le kentjur et le galanga. Après un peu de travail et beaucoup de chance, nous espérons avoir capturé les saveurs de l'époque de Schéhérazade.

AMER	cumin 10 ml (2 c. à thé)	**AROMATIQUE**	cardamome verte 8 ml ($^1/_2$ c. à soupe)
PIQUANT	poivre noir 30 ml (2 c. à soupe)		cannelle 5 ml (1 c. à thé)
	gingembre 5 ml (1 c. à thé)		rose 15 ml (1 c. à soupe)
DOUX	coriandre 15 ml (1 c. à soupe)		kentjur 5 ml (1 c. à soupe)
	curcuma 8 ml ($^1/_2$ c. à soupe)		mastic 1 larme
ACIDE	sumac 60 ml (4 c. à soupe)		laurier 1 feuille
			menthe 10 ml (2 c. à thé)
			galanga 5 ml (1 c. à thé)
			clous de girofle 5
			safran 1 g (facultatif)

PETIT POULET RÔTI DES MILLE ET UNE NUITS
(RECETTE TRADITIONNELLE)

CE POULET EST BIEN REPRÉSENTATIF des rôtis de son époque. Les jus de cuisson du poulet sont récupérés par un genre de « pouding » sucré-salé de pain et de noix pour donner un délicieux accompagnement.

1 poulet de Cornouailles

8 ml (½ c. à soupe) épices des Mille et Une Nuits, moulues

3 ml (½ c. à thé) sel

POUDING

125 ml (½ tasse) amandes *ou* pistaches

60 ml (¼ tasse) sucre

un soupçon d'eau de rose

sel

2 pains pita très minces

60 ml (4 c. à soupe) miel

30 ml (2 c. à soupe) huile de sésame nature *ou* beurre

GARNITURE

feuilles de menthe fraîche

30 ml (2 c. à soupe) pistaches

30 ml (2 c. à soupe) grains de grenade *ou* pétales de rose

1. Frotter le petit poulet avec les épices et le sel. Laisser reposer 1 heure.
2. Entre-temps, préparer le pouding. Dans un robot culinaire, moudre les amandes avec le sucre, l'eau de rose et une bonne pincée de sel.
3. Huiler un moule à tarte de la taille des pitas. Séparer les pains, placer un demi-pita dans le moule et le garnir avec le tiers du mélange d'amandes. Répéter l'opération à deux reprises pour terminer avec le dernier demi-pita. Couvrir à peine d'eau. Ajouter le miel et le beurre.
4. Placer une grille sur le moule et y déposer le poulet assaisonné. Rôtir 45 minutes à 185 °C (375 °F).
5. Retirer du four et laisser reposer 15 minutes. Couper le poulet en morceaux et poser sur le pouding. Garnir de menthe, de pistaches et de grains de grenade ou de pétales de rose. Ajouter quelques gouttes d'eau de rose et un filet de miel sur le poulet (facultatif).

JARRETS DE VEAU BRAISÉS AUX FIGUES ET RAISINS
(RECETTE TRADITIONNELLE)

12 figues sèches

4 tranches de jarret de veau

30 ml (2 c. à soupe) épices
Mille et Une Nuits, moulues

1 blanc de poireau, coupé en gros
morceaux

sel

45 ml (3 c. à soupe) beurre

60 ml (¼ tasse) eau

45 ml (3 c. à soupe) raisins secs

12 petites dattes dénoyautées

45 ml (3 c. à soupe) miel

125 ml (½ tasse) amandes blanches

un soupçon d'eau de fleur d'oranger

LES VIANDES AIGRES-DOUCES étaient très populaires au Moyen Âge. Cette recette est une interprétation assez fidèle (on espère) d'un plat de l'âge d'or de Bagdad.

1. Placer les figues dans un bol et couvrir d'eau bouillante. Réserver.
2. Assaisonner les jarrets avec les épices. Placer dans une marmite avec le poireau. Saler et ajouter le beurre et l'eau.
3. Couvrir et laisser cuire à feu doux. La viande et le poireau devraient faire assez d'eau pour que la casserole ne s'assèche pas. Au besoin, ajouter un peu d'eau durant la cuisson.
4. Après 1 heure à 1 h 15 de cuisson, la viande devrait commencer à s'attendrir. Ajouter alors les figues égouttées, les raisins, les dattes et le miel. Laisser cuire 15 à 20 minutes de plus.
5. Pendant ce temps, préparer un lait d'amande. Mettre les amandes dans un mélangeur et les couvrir d'eau. Réduire en crème légère et lisse (2-3 minutes). Ajouter de l'eau au besoin.
6. Quand le veau est tendre, verser le lait d'amande sur un côté de la casserole et secouer doucement. Cuire quelques minutes de plus. Retirer du feu et laisser reposer 30 minutes. Vaporiser d'eau de fleur d'oranger avant de servir.

CAROTTES ET PETITS POIS
DES MILLE ET UNE NUITS

LES COMBINAISONS D'ÉPICES comme les Mille et Une Nuits servaient surtout pour les viandes. Mais les petits pois et les carottes se prêtent bien à l'aigre-doux. Le sumac acide du mélange équilibre bien le sucré des légumes.

1. Faire fondre le beurre dans une casserole à feu moyen. Ajouter l'oignon, les carottes, le sel au goût, les épices et le miel. Bien mélanger et ajouter l'eau. Cuire à couvert 3-4 minutes.

2. Retirer le couvercle et bien mélanger. Ajouter les pois quand les carottes sont presque sèches et commencent à glacer. Bien mélanger. Couvrir et réduire à feu doux. Cuire 5 minutes de plus et servir.

45 ml (3 c. à soupe) beurre

1 oignon moyen, haché fin

250 ml (1 tasse) carottes, coupées en bâtonnets

sel au goût

10 ml (2 c. à thé) épices de Mille et Une Nuits, moulues

30 ml (2 c. à soupe) miel *ou* sucre

125 ml (½ tasse) d'eau

250 ml (1 tasse) petits pois

Sanath, Deepa et Ethné

SANATH ET DEEPA

OUS AVONS RENCONTRÉ Sanath et Deepa... par fax. Le seul souvenir de notre premier contact avec ce formidable couple de Sri-Lankais, par le biais d'une technologie depuis longtemps dépassée, nous fait encore rire aujourd'hui et nous rend quelque peu nostalgiques.

Nous savions que les Mexicains étaient les plus grands consommateurs de vraie cannelle au monde. Nous étions également au fait que le meilleur *terroir* – ou conditions de culture pour la qualité que nous recherchions pour notre boutique d'épices – se situait sur la côte du sud-ouest de ce petit pays insulaire qu'est le Sri Lanka, mais nous n'y connaissions personne. Nous avons donc décidé d'importer notre cannelle sri-lankaise par le Mexique et, grâce à des amis loyaux et débrouillards, nous recevions d'imposants sacs de jute, bourrés de longs bâtons de cannelle sri-lankaise, et ce, par la poste !

L'arrivée de chacun de ces colis était pour nous un véritable soulagement. L'entente avec notre « fournisseur », le frère pas trop fiable d'un ami, agent de voyage à ses heures et dont le véritable métier consistait à mener la belle vie, ne nous convenait pas vraiment. De toute évidence, cette entente ne pouvait être que temporaire. Il était essentiel pour nous de mettre en place une chaîne d'approvisionnement dirigée par une personne de confiance. Nous avions hâte d'offrir de la vraie cannelle à nos clients, car plusieurs d'entre eux croyaient que la casse, plus commune en Amérique du Nord, était l'authentique produit alors qu'il ne possède qu'une des quatre huiles volatiles spécifiques de la véritable cannelle.

Philippe a été le premier à remarquer une séquence de chiffres décolorés estampés sur les sacs de jute. Après en avoir conclu qu'il s'agissait d'un numéro de télécopieur, nous avons immédiatement adressé un message « À qui de droit »,

quelque part au Sri Lanka. En guise de préliminaires, nous nous sommes présentés et avons demandé au destinataire s'il était planteur, fournisseur ou négociant de cannelle. N'ayant aucune idée de qui nous étions ou de ce que nous voulions, notre interlocuteur nous a retourné une réponse plutôt prudente.

L'échange d'adresses électroniques a tôt fait d'améliorer la communication. Nous avons appris que Sanath et sa conjointe, Deepa, étaient propriétaires et exploitants d'une plantation de cannelle qui appartenait à leur famille depuis des générations. Nous faisions maintenant affaire avec des gens que nous n'avions jamais vus et, comme ils semblaient sérieux et dignes de confiance, nous leur avons passé une petite commande.

Une relation respectueuse s'est rapidement établie entre nous, et notre mélange d'épices Mille et Une Nuits, inspiré de recettes méticuleusement traduites puisées dans le *Medieval Arab Cookery* (« Cuisine arabe du Moyen Âge »), a enfin vu le jour. Le large éventail de mets présentés dans ce livre était marqué par l'utilisation abondante d'épices qui ont défini et fait vivre l'un des plus célèbres empires culinaires de tous les temps. Mastic, macis, boutons de rose, galanga, kentjur et, bien sûr, cannelle ne sont que quelques-unes des épices caractéristiques populaires à l'époque qui, au fil du temps, ont perdu les faveurs du public. Elles n'ont d'ailleurs toujours pas réintégré les cuisines contemporaines du Moyen-Orient.

Depuis, nous sommes allés plusieurs fois au Sri Lanka, et le couple Deepa et Sanath nous a rendu visite à Montréal. Notre amitié s'est développée avec les années et, lors de notre dernier échange, Deepa nous assurait qu'une chambre nous attend dans leur nouvelle maison de campagne à Kosgoda, située – sans grande surprise – à proximité d'un village du nom de Cinnamon.

LES FINES HERBES

MÉLANGE D'HERBES SPÉCIALISÉ

E MÉLANGE CLASSIQUE FRANÇAIS est composé d'herbes fraîches délicates : ciboulette, persil, cerfeuil et estragon. Ces herbes douces sont généralement hachées juste avant de les utiliser, car elles perdent rapidement de leurs saveurs au contact de la chaleur. Les fines herbes ont une affinité naturelle avec la crème, le beurre, le vin blanc, les œufs, les petits légumes, les viandes blanches, les poissons et les fruits de mer. En fait, leur goût doux complémente bien la plupart des ingrédients délicats.

À l'exception de l'estragon, les fines herbes perdent leur saveur en séchant. Mais, grâce au séchage à froid, on trouve désormais de la ciboulette et du persil lyophilisés de très bonne qualité. Le cerfeuil demeure toujours plus difficile à trouver ; c'est pourquoi on recommande d'ajouter une pincée de graines d'anis moulues pour compenser l'absence de cerfeuil anisé. Autre avantage des herbes séchées à froid : elles se réhydratent instantanément au contact des aliments et sont toujours tendres sous la dent.

| DOUX | **ciboulette** 60 ml (4 c. à soupe) |
| | **persil** 30 ml (2 c. à soupe) |

| AROMATIQUE | **estragon** 10 ml (2 c. à thé) |
| | **anis moulu** 1 pincée |

ŒUFS EN COCOTTE AUX FINES HERBES
(RECETTE TRADITIONNELLE)

VOICI UNE MANIÈRE FACILE et délicieuse de faire des œufs parfaits pour un brunch. On prépare les cocottes à l'avance. Les œufs cuisent au four pendant que vous faites le reste… et tout est prêt au même moment !

Utiliser une crème plus légère si vous le désirez.

120 ml (8 c. à soupe) beurre

12 œufs extra-gros

180 ml (¾ tasse) crème 35 %

60 ml (4 c. à soupe) fines herbes

sel et poivre blanc, au goût

un soupçon de muscade râpée (optionnel)

1. Chauffer le four à 185 °C (375 °F).
2. Beurrer 12 ramequins de 7 cm (2,5 po) avec la moitié du beurre. Casser un œuf dans chacun des plats et ajouter une noix de beurre par-dessus. Placer les ramequins sur une plaque profonde (pour ne pas se brûler plus tard).
3. Mélanger la crème, les fines herbes, le sel, le poivre et la muscade dans un bol. Tout cela peut être fait une heure à l'avance.
4. Déposer la plaque sur la grille du four légèrement tirée vers l'extérieur et y verser avec précaution 1,5 cm (¾ po) d'eau bouillante. Glisser lentement la plaque dans le four et fermer la porte.
5. Cuire jusqu'à ce que les blancs soient cuits et les jaunes crémeux (6-12 minutes selon le four et l'épaisseur des ramequins). Ouvrir le four et déposer 1 cuillerée de crème sur chaque œuf et cuire 1 minute de plus. Servir immédiatement avec du pain ou de la brioche grillés.

PETITS POIS ET LAITUE À LA TOURANGELLE

225 g (½ lb) beurre non salé, coupé en dés

3 feuilles de laurier

1 laitue frisée *ou* Boston, bien lavée

60 g (2 oz) jambon coupé en dés

1 l (4 tasses) petits pois, écossés

sel et poivre blanc

125 ml (½ tasse) crème fraîche

1 jaune d'œuf

30 ml (2 c. à soupe) fines herbes

1 pincée de sucre

BEAUCOUP DE BEURRE avec un jaune d'œuf et de la crème fraîche ! Une recette bien riche comme on faisait autrefois en Touraine. À essayer au moins une fois dans sa vie.

1. Répartir la moitié du beurre et le laurier dans une casserole à fond épais.
2. Déchirer les feuilles de laitue et les déposer dans la casserole. Étaler les dés de jambon, puis les pois et le beurre restant. Saler et poivrer au goût, en n'oubliant pas que le jambon est salé.
3. Couvrir et cuire à feu doux. En chauffant lentement, la laitue rendra assez d'eau pour faire mitonner les pois. Vérifier la cuisson de temps en temps. Au besoin, secouer doucement la casserole, mais résister à la tentation de mélanger.
4. Entre-temps, battre les ingrédients restants dans un bol. Quand les pois sont cuits (15-20 minutes), verser le mélange de crème tout autour de la casserole et secouer doucement pour que le jus de cuisson se mélange bien à la crème et épaississe. Retirer du feu au premier bouillon et servir.

AGUACHILE DE PÉTONCLES AUX FINES HERBES

UN AGUACHILE EST UN CROISEMENT entre un ceviche et un gaspacho de fruits de mer crus et cuits. C'est une entrée mexicaine très rafraîchissante qui contient aussi du chile, du jus de lime et des légumes crus comme des tomates, de l'avocat, de l'oignon et de la coriandre fraîche. Voici une recette d'inspiration mi-Val de Loire, mi-Yucatan.

1. Dans un bol, mélanger les pétoncles, les crevettes, le vin, le jus de yuzu, la glace et le poivre vert entier.
2. Réfrigérer au moins 1 heure, mais pas plus de 3 afin que l'acidité des agrumes et du vin « cuisent » les pétoncles sans les durcir.
3. Retirer le bol du réfrigérateur et incorporer délicatement la garniture de légumes. Saler au goût et disposer dans des coupes bien froides.
4. Verser un filet d'huile d'olive dans chaque coupe. Servir immédiatement.

225 g (½ lb) pétoncles frais, coupés en fines tranches

225 g (½ lb) crevettes cuites

1 verre de muscadet *ou* autre vin blanc très sec

60 ml (4 c. à soupe) jus de yuzu *ou* moitié jus de citron/jus de clémentine

6 à 8 glaçons moyens

15 ml (1 c. à soupe) grains de poivre vert

GARNITURE

1 petite tomate bien mûre, coupée en dés

1 petit avocat, tranché

1 échalote française, coupée en rondelles très fines

1 très petit concombre, tranché mince

2 radis, tranchés très mince

30 ml (2 c. à soupe) de fines herbes

sel

huile d'olive bien fruitée

LES ÉPICES À LÉGUMES

MÉLANGE... UNIVERSEL ?

I L Y A PRESQUE TRENTE ANS, nous avons mis au point ce mélange pour relever nos légumes. En peu de temps, nos cuisiniers l'avaient adopté et baptisé « la poudre de perlimpinpin du chef », car elle relevait beaucoup plus que les légumes. C'était devenu l'épice à ajouter quand il manquait un « petit quelque chose ».

Ce mélange relève discrètement la plupart des épices et les autres mélanges. Un jour, un client à qui j'expliquais toutes ces possibilités a fait l'analogie suivante : « Ces épices sont comme l'apprêt qu'on pose avant d'appliquer la couleur finale. » Il avait bien raison ! Elles sont comme une base imperceptible qui met en valeur les autres épices.

Placées dans notre classement de mélanges, les épices à légumes se retrouvent dans les mélanges spécialisés. En fait, elles sont plutôt un mélange universel. L'exception qui confirme la règle ? Ou reste-t-il encore de nouvelles règles à déchiffrer dans l'univers des épices ?

AMER **thym** 20 ml (4 c. à thé)	**DOUX** **oignon sec** 60 ml (4 c. à soupe)
origan 10 ml (2 c. à thé)	**coriandre** 10 ml (2 c. à thé)
romarin 5 ml (1 c. à thé)	**fenouil** 5 ml (1 c. à thé)
PIQUANT **poivre blanc** 10 ml (2 c. à thé)	
cayenne 2 ml (½ c. à thé)	
moutarde jaune 20 ml (4 c. à thé)	

CHAMPIGNONS SAUTÉS

RIEN N'EST PLUS TRISTE qu'un légume bouilli. Toute sa saveur est dans l'eau qu'on jette ! Nous préférons sauter ou étuver nos légumes. Courgettes, piments doux, pois mange-tout, la plupart des légumes à cuisson rapide conviennent à cette recette. Pour les légumes à cuisson plus longue, ajouter un peu de liquide après la cuisson initiale, couvrir et cuire à feu réduit jusqu'à ce qu'ils soient tendres. Des haricots verts mijotés avec un peu de tomates hachées sont un bon exemple.

60 ml (4 c. à soupe) beurre non salé

500 ml (2 tasses) champignons moyens, tranchés

10 ml (2 c. à thé) épices à légumes, moulues

5 ml (1 c. à thé) sel

1. Placer une grande poêle sur un feu vif et ajouter le beurre tout de suite pour qu'il fonde sans brûler. Ajouter les champignons quand le beurre est mousseux. Saupoudrer avec les épices.
2. Faire sauter les champignons jusqu'à ce qu'ils soient bien dorés (4-5 minutes).
3. Saler et servir.

TARTARE DE THON

500 g (1 lb) filet de thon bien frais

45 ml (3 c. à soupe) huile olive extra-
vierge bien fruitée

au choix, basilic,
coriandre fraîche *ou* aneth

ASSAISONNEMENT

10 ml (2 c. à thé) épices à légumes,
moulues

1 échalote française, hachée fin

10 ml (2 c. à thé) sauce de poisson
(nuoc-mam)

20 ml (4 c. à thé) jus de lime
ou citron

60 ml (4 c. à soupe) câpres,
bien rincées

15 ml (1 c. à soupe) sucre

2 ou 3 piments forts thaïs,
hachés très fin

sel au besoin

MÊME SI VOUS NE MANGEZ pas de poisson cru, l'assaisonnement du poisson fait une très bonne vinaigrette à laquelle il suffit d'ajouter un filet d'huile d'olive.

Faire cet assaisonnement est une étude d'équilibre des six goûts. Au besoin, ajouter le ou les ingrédients pour créer le goût qui vous plaît. S'il manque du salé et de l'umami, ajouter de la sauce de poisson, ou simplement du sel, si c'est suffisamment umami. Pour l'amer, ajouter des câpres ou des épices, du piment pour le piquant, du jus de lime pour l'acide et, évidemment, du sucre pour le sucré.

Ce tartare peut être fait avec d'autres poissons d'eau salée à chair ferme et grasse comme le saumon, le maquereau ou le thazard. Le plus important, c'est qu'il soit très frais.

1. Rincer le poisson à l'eau courante. Bien assécher avec du papier absorbant. Couper le poisson en petits dés de 5 mm (¼ po). Placer dans un bol et réserver au réfrigérateur.
2. Mettre tous les ingrédients de l'assaisonnement dans un autre bol et bien mélanger. Goûter et décider si l'équilibre de goût plaît. Au besoin, corriger comme décrit dans l'introduction de la recette. Réserver.
3. Juste avant de servir, verser l'assaisonnement sur le poisson, ajouter l'huile d'olive et les herbes ciselées. Mélanger délicatement avec deux fourchettes. Placer sur des assiettes et servir immédiatement.

ESCALOPES DE POULET AU KATAIFI CROUSTILLANT

LA CROÛTE CRAQUANTE, le poulet moelleux et l'aigre-doux de la mélasse de grenade créent un plat réconfortant. Les épices à légumes adoucissent les deux mélanges aromatiques pour donner juste la bonne note à ce poulet, qui est un favori de toute notre famille.

1. Défaire le kataifi sur une planche à découper et le laisser sécher une dizaine de minutes. Placer dans un bol et écraser du bout des doigts ou couper avec un couteau pour faire des filaments de 3-4 cm (1 ½ po).
2. Mélanger la farine, les épices et le sel dans un autre bol.
3. Battre les œufs et le lait dans un dernier bol.
4. Trancher chaque suprême en deux sur l'épaisseur pour en faire deux escalopes. Aplatir un peu les escalopes pour les égaliser.
5. Tremper chaque escalope successivement dans la farine, les œufs et le kataifi. Déposer les escalopes sur un papier ciré et presser légèrement pour que le kataifi adhère bien sur chacune.
6. Chauffer deux poêles à feu moyen, verser un fond d'huile dans chacune et ajouter les escalopes quand l'huile est chaude. Cuire 3-4 minutes jusqu'à ce que le premier côté soit doré. Retourner et cuire l'autre côté aussi longtemps. Placer le poulet sur un papier absorbant 1 minute pour absorber le surplus d'huile. Servir avec la mélasse de grenade en accompagnement.

1 paquet de kataifi* *ou* de chapelure

90 ml (6 c. à soupe) farine

30 ml (2 c. à soupe) épices à légumes, moulues

5 ml (1 c. à thé) sept-épices d'Alep, moulu

5 ml (1 c. à thé) 8 poivres, moulu

sel au goût

2 œufs

120 ml (½ tasse) lait

2 suprêmes de poulet

Environ 120 ml (½ tasse) d'huile d'olive pour la cuisson

mélasse de grenade* *ou* 8 quartiers de citron

* Disponibles dans les épiceries moyen-orientales.

INDEX

REMERCIEMENTS

OUS AVONS LA CHANCE EXCEPTIONNELLE de faire un travail qui nous passionne, en plus de celle de recevoir l'appui et les encouragements de nos chers enfants, Marika et Arik, de Lorna Andrews, la matriarche de notre clan, et de Nouella Grimes, dont le talent et la patience n'ont d'égal que son sens de l'humour.

Nous ne pourrions mener à bien tous nos projets sans l'aide précieuse et l'enthousiasme de nos fidèles employés : Nadia, Eric, Renée, Oksana, Shant, Dashi, Eric D, Catherine, Justine, François, Varsha, Rami, Benjamin, Etienne, Guillaume, Marjolaine et Vishal. Pour cela, et plus encore, nous les remercions.

Impossible de ne pas mentionner à nouveau nos fournisseurs, les véritables piliers de notre entreprise. Nous en avons présenté quelques-uns dans cet ouvrage, et il en existe une foule d'autres dont la contribution nous est inestimable et qui feront un jour, nous l'espérons, l'objet de nouvelles histoires à écrire.

Enfin, nous désirons exprimer toute notre gratitude à nos clients, qui nous soutiennent depuis des années déjà. Sans eux, *Épices de cru*® n'aurait jamais pu devenir la fière compagnie québecoise qu'elle est aujourd'hui.

Suivez les Éditions du Trécarré sur le Web :
www.edtrecarre.com

Suivez les chasseurs d'épices sur le Web :
www.epicesdecru.com

Cet ouvrage a été composé en Arno Pro 10,5 / 13,75 et achevé d'imprimer en août 2014
sur les presses de Imprimerie Transcontinental, Beauceville, Canada